O aluno incluído na educação básica

avaliação e permanência

Volume 9

Coleção *Educação & Saúde*

Dados Internacionais de Catalogação na Publicação (CIP)
(Câmara Brasileira do Livro, SP, Brasil)

Freitas, Marcos Cezar de
O aluno incluído na educação básica : avaliação e permanência / Marcos Cezar de Freitas. — 1. ed. — São Paulo : Cortez, 2013. — (Coleção educação & saúde ; 9)

ISBN 978-85-249-2016-5

1. Antropologia educacional 2. Educação básica 3. Educação inclusiva 4. Inclusão escolar I. Título. II. Série.

13-02261   CDD-306.41

Índices para catálogo sistemático:
1. Antropologia e educação   306.41

Marcos Cezar de Freitas

O aluno incluído na educação básica

avaliação e permanência

1ª edição
1ª reimpressão

O ALUNO INCLUÍDO NA EDUCAÇÃO BÁSICA: avaliação e permanência
Marcos Cezar de Freitas

Capa: aeroestúdio
Preparação de originais: Ana Paula Luccisano
Revisão: Maria de Lourdes de Almeida
Composição: Linea Editora Ltda.
Coordenação editorial: Danilo A. Q. Morales

Nenhuma parte desta obra pode ser reproduzida ou duplicada sem autorização expressa do autor e do editor.

© 2012 by Autor

Direitos para esta edição
CORTEZ EDITORA
Rua Monte Alegre, 1074 — Perdizes
05014-001 — São Paulo — SP
Tel.: (11) 3864-0111 Fax: (11) 3864-4290
e-mail: cortez@cortezeditora.com.br
www.cortezeditora.com.br

Impresso no Brasil — fevereiro de 2016

Sumário

Apresentação da Coleção 9

Introdução 13

Pressupostos para análise. Ou: o que levar em
consideração para assumir a perspectiva do incluído... 27
— Forma escolar e forma de fazer 27
— Vulnerabilidades 36
— Situações relacionais 40

1. **O problema do outro:** reconhecer a presença de
quem é incluído 51

2. A construção social de deficiências e a desconstrução
das interações inclusivas 67
   2.1 O aluno incluído: representações da escola,
   comunidade e comensalidade 67
   2.2 O aluno incluído: saberes escolares,
   apetrechamento e amanualidade. (Interações
   inclusivas, avaliação e permanência) 76

3. A internação e a não permanência 83

Considerações finais 97

Indicações de leitura/Referências bibliográficas 103

Sei que Deus mora em mim
como sua melhor casa.
Sou sua paisagem,
sua retorta alquímica
e para sua alegria
seus dois olhos.
mas esta letra é minha.

(Adélia Prado, "Direitos humanos")

Apresentação da Coleção

A Coleção Educação e Saúde tem por objetivo estabelecer diálogo entre pesquisadores do Programa de Pós-Graduação Educação e Saúde na Infância e na Adolescência, da Universidade Federal de São Paulo, e educadores e professores que atuam com crianças e adolescentes no âmbito da educação básica.

O conjunto de títulos que o leitor encontra nesta Coleção reúne investigadores cujas pesquisas e publicações abrangem de forma variada os temas infância e adolescência e que trazem, portanto, experiência acadêmica relacionada a questões que tocam direta e indiretamente o cotidiano das instituições educacionais, escolares e não escolares.

O diálogo entre os campos da Educação e Saúde tornou-se necessário à medida que os desafios educacionais presentes têm exigido cada vez mais o recurso da abordagem interdisciplinar, abordagem essa necessária para oferecer alternativas às tendências que segregam os chamados problemas de aprendizagem em explicações monolíticas.

A educação dos educadores exige esforços integradores e complementares para que a integridade física, social, emocional e intelectual de crianças e adolescentes com os quais lidamos diariamente não permaneça sendo abordada com reducionismos.

Percebemos com frequência a circulação de diagnósticos que reduzem os chamados problemas educacionais a um processo de escolha única, sem alternativas integradoras.

Em relação aos chamados problemas educacionais, na maioria das vezes as opções formativas ou são devedoras de argumentos clínicos ou são devedoras de argumentos socioeconômicos, mas predominantemente esses universos são apresentados como realidades que não devem se comunicar, tornando a opção por uma imediata exclusão do outro.

As desvantagens pessoais e sociais de crianças e adolescentes estão diariamente desafiando professores e educadores em geral. Abordar de forma objetiva e integrada o complexo tema dos chamados problemas físicos, emocionais, intelectuais e sociais que manifestamente interferem na vida escolar de crianças e adolescentes é o desafio desta Coleção.

Esse desafio nos levou a trazer para a Coleção um repertório de temas que contempla os problemas sociais de alunos pobres; os chamados déficits de atenção; as várias formas de fracasso escolar; as deficiências em suas muitas faces; as marcas do corpo; a sexualidade; a diversidade sexual; a interação entre escola e família; a situação dos alunos gravemente enfermos; as muitas formas de violência contra a criança e entre crianças; os dramas da drogadição; os desafios da aquisição de linguagem; as questões ambientais e vários outros temas conexos que foram especialmente mobilizados para este projeto editorial.

A mobilização desses temas não foi aleatória. Resultou do processo de interação que o Programa tem mantido com as redes públicas de ensino de São Paulo. E tem sido justamente essa experiência a grande fiadora da certeza de que os problemas educacionais de crianças e adolescentes não são exclusivamente clínicos, nem exclusivamente sociais. Pensemos nisso.

Por isso, apresentamos a Coleção Educação e Saúde como quem responde a uma demanda muito consistente, que nos convida a compartilhar estudos sobre a infância com base naquilo que de mais rico a interdisciplinaridade tem a oferecer.

MARCOS CEZAR DE FREITAS
Coordenador da Coleção

Introdução

O tema inclusão tem ocupado espaço considerável na mídia em decorrência das controvérsias e enfrentamentos políticos relacionados à adoção das cotas na dinâmica de acesso ao ensino superior. A expansão no número de vagas no ensino superior público brasileiro suscitou também novos desafios relacionados à consolidação de recursos para garantir a permanência daqueles que adentram esses territórios, mas chegam desprovidos de condições econômicas suficientes para permanecer a distância de seus familiares.

Tais questões desafiam os fundamentos de uma sociedade historicamente concentradora de privilégios. Os problemas decorrentes dessa expansão, ao mesmo tempo que apresentam desafios para consolidar os novos números do ensino superior público brasileiro, não deixam de sinalizar a todos que esse processo trouxe avanços significativos cujos benefícios o país como um todo sentirá com o passar do tempo.

Mas inclusão e permanência não são temas do século XXI, ou seja, não foram trazidos à luz pela expansão no número de vagas públicas no sistema federal de ensino superior.

Ao contrário, inclusão e permanência não são temas novos e já se encontram enraizados na pauta de urgências da educação básica brasileira.

São temas que têm desafiado a própria configuração de nossa cultura republicana, especialmente no âmbito das lutas pela consolidação da escola pública, processo que foi acentuado nas duas últimas décadas do século XX, se levarmos em consideração conquistas da sociedade civil incorporadas à Constituição Federal de 1988 e à Lei de Diretrizes e Bases da Educação Nacional, LDBEN n. 9.394/1996.

Inclusão e permanência também estão na origem da definição de vários marcos legais relacionados às pessoas deficientes, e motivaram a adesão a plataformas políticas estratégicas e a documentos nacionais e internacionais especificamente voltados para a garantia de direitos civis fundamentais.

Este livro trata do tema inclusão e dos desafios da permanência do aluno incluído no âmbito da educação básica.

Nesse sentido, o ponto de partida está no repertório de situações escolares em que encontramos crianças e adolescentes lidando com o que têm de mais frágil e vulnerável diante de si e diante dos outros.

Nessas situações, desponta outra palavra-chave para compreender a complexa trama que se estabelece no cotidiano escolar quando o desafio é incluir e garantir a permanência de quem foi incluído. Essa palavra-chave é avaliação.

Nem sempre, porém, diante de questões tão complexas quanto são avaliar e incluir, vulnerabilidades pessoais são levadas em conta. E essas vulnerabilidades pessoais não são consideradas na medida em que a perspectiva de quem está em processo de inclusão é frequentemente ignorada.

Inclusão é um ponto de partida, não de chegada.

Muitas vezes a avaliação se reduz a um instrumento institucional que "comprova" que aquele aluno avaliado está na escola *somente* porque vive a experiência de inclusão, somente porque há um novo repertório de leis a fazer cumprir. Quanto mais visível a vulnerabilidade pessoal, mais o insucesso na avaliação tende a ser usado como comprovação de que a comunidade escolar está diante de um caso que exige, quando muito, "gestão de incapacidades". São poucas as situações nas quais a vulnerabilidade pessoal é considerada um desafio pedagógico para a escola como um todo.

Embora a aproximação entre as palavras avaliação e inclusão possa acontecer nas mais variadas circunstâncias, é no âmbito escolar que nos deparamos com cenários cujas disposições internas acrescentam significado singular tanto a uma palavra quanto à outra.

A produção de estudos, pesquisas e publicações sobre vulnerabilidades, avaliação e inclusão é abundante. Em alguns casos, estudos seminais têm nos chamado atenção sobre os muitos equívocos que temos acumulado, seja quando pensamos essas palavras isoladamente, seja quando articulamos uma em relação à outra (cf. Carvalho e Soares 2012; Luckesi, 2011; Sumner, 2010).

Williams (2000) diria que vulnerabilidade, avaliação e inclusão revelam-se "palavras-chave" para a elucidação da dinâmica do tempo em que vivemos, ou seja, são palavras que nos revelam à história; nos mostram "por dentro" das formas através das quais construímos experiências em comum.

A educação na forma escolar é uma das mais significativas experiências em comum a caracterizar nosso "modo de viver", expressão que remonta à antropologia cultural de Franz Boas, no início do século XX (cf. Boas, 1982).

Se na forma escolar a educação ganhou e ganha uma configuração histórica e cultural própria, é no tempo próprio da escola que vulnerabilidades, avaliação e inclusão adquirem conteúdo especial, com um sentido que é diferente de todos os outros que impregnam essas palavras quando apropriadas e usadas para além dos limites da escola.

Isso quer dizer que os cenários que se configuram dentro da escola são mais do que locais onde as palavras vulnerabilidades, avaliação e inclusão revelam um pouco do que somos e do que fazemos.

Esses cenários são, no que diz respeito ao nosso modo de viver, espaços em que a circulação e apropriação dessas palavras fazem parte de uma complexa liturgia de exclusão.

Em outras palavras, torna-se uma evidência do quanto a inclusão é dificultada na própria maneira como consideramos o que deve ser incluir na escola.

Este livro quer trazer ao debate apropriações e representações das palavras inclusão, vulnerabilidade, avaliação e permanência na produção de sentidos sobre o trabalho escolar, refletindo, porém, sobre essas palavras do ponto de vista das crianças e adolescentes, que têm sido objeto de práticas de inclusão na escola.

Quem são essas personagens?

Para criar uma metáfora teatral, refiro-me às crianças e adolescentes chamados de incluídos como figurantes nas *performances* que caracterizam os rituais de ensino e aprendizagem.

As iniciativas de pesquisa que estão sob minha responsabilidade na Universidade Federal de São Paulo têm abrigado muitos projetos de natureza etnográfica.

A pesquisa etnográfica é aquela que nos convida a "mergulhar" na realidade investigada, conhecendo-a de perto e por dentro. A sequência de pesquisas etnográficas com crianças e adolescentes em territórios de aprendizagem revelou que já temos, nos dias de hoje, um jargão próprio para essas personagens: trata-se do "pessoal da inclusão".

Essa fala é parte de um *script* que registra um estranhamento permanente, pois dá forma à percepção de que os territórios escolares têm sido lentamente ocupados também por pessoas que, *a priori*, são entendidas como se fossem sujeitos que não deveriam ou poderiam estar ali.

Refletir sobre avaliação e inclusão na perspectiva da criança e do adolescente representa um esforço no sentido de pensar as vulnerabilidades do ponto de vista da personagem vulnerável.

A vulnerabilidade do vulnerável deve ser levada em consideração se quisermos ousar sonhar com uma escola efetivamente inclusiva. Tal como fazemos nos dias de hoje, é possível que inclusão se torne um lema politicamente relevante, mas com repercussão ínfima no cotidiano de milhares de crianças e adolescentes, sujeitos de direito no repertório de leis que construímos para tratar do assunto.

Este livro complementa o anterior que abordou a inclusão do chamado "aluno-problema", priorizando a análise sobre as formas sociais na configuração dos insucessos escolares (cf. Freitas, 2011).

Buscar a perspectiva do incluído exige recuperar saberes e reconhecer o alcance da análise de contexto que é empreendida por aqueles que esperam da escola uma "atitude inclusiva".

Desenvolver uma "atitude inclusiva" não significa apenas conduzir sujeitos para dentro de disciplinas e fronteiras acadêmicas. O que está em questão é enxergar o outro sem reduzi-lo às marcas de seu corpo; às mutilações que sofreu ou as ineficiências que seu organismo expõe quando comparado a outro.

É um grande desafio discutir criticamente a configuração do aluno-problema e associar a esse esforço as perspectivas da criança e do adolescente, cujas vulnerabilidades ficam expostas quando esses sujeitos assumem o papel de incluídos.

Não há como empreender esse esforço, principalmente com o limite de páginas que caracteriza a Coleção que recebe mais este volume, sem lançar mão de certa reflexão antropológica. Mas faço isso sem ter a ilusão de apresentar aqui uma antropologia dos rituais que se dizem inclusivos. Essa é uma tarefa ainda a ser realizada.

Trata-se de levar em consideração o que se aprendeu no convívio com crianças e adolescentes que viveram e vivem a experiência de inclusão. Ou seja, este livro resulta do convívio com crianças e adolescentes que vivem a experiência de encontrar no próprio corpo marcas que exigem estratégias singulares de interação.

Meu objetivo é o de compartilhar achados recolhidos do solo da experiência de aproximação em relação às crianças e adolescentes que foram consideradas incluídas ou objeto de ações tomadas deliberadamente em razão de suas vulnerabilidades mais visíveis.

Refiro-me ao contato que se estabelece entre pesquisador e pessoa pesquisada e a possibilidade de contextualizar cada situação de modo a escutar o que há por trás do silêncio que envolve a presença de certas crianças e adolescentes em territórios institucionais.

Ainda que o ponto de partida seja um conjunto de leituras antropológicas, esta análise não abre mão de se apresentar como pedagógica.

A proposta deste livro consiste em identificar as situações nas quais produzimos o "tempo ensinante" e o "ritmo aprendente" para tentar refletir sobre o que pensa e sente aquele que foi incluído e tornou-se para a escola e para o professor um aluno-problema.

Quando identificamos o olhar de quem é incluído dentro dessas situações torna-se possível perceber inadaptações que são representadas por nós mesmos como "impossibilidades" do outro.

Ou seja, refiro-me a prestar atenção, simplesmente, em como ensinamos, onde ensinamos e como se supõe que a lógica ensinante tem (ou deve ter), em si, uma contrapartida aprendente que nem sempre leva em consideração a pessoa, sujeito da inclusão.

É importante reconhecer o quanto os rituais de comparação entre desempenhos faz parte de um processo que transforma a avaliação num componente que praticamente inviabiliza a inclusão.

A inadaptação, muitas vezes, tem na avaliação escolar um elemento usado para comprovar supostas incompatibilidades entre pessoas e cenários educacionais.

Raramente a avaliação é pensada como oportunidade de analisar criticamente a organização dos cenários em si, da disposição de suas peças e, principalmente, do quanto a "forma de fazer" torna-se o elemento decisivo na configuração daquilo que consideramos ser uma "pessoa lenta", ou uma "atuação dispersiva" ou uma "comprovação de inabilidade".

Para usar uma expressão apreendida na obra de Luckesi (2011), raramente avaliar é percebido como componente do ato pedagógico.

O leitor perceberá a importância que o conceito de "forma de fazer" tem na organização dos argumentos que estruturam este livro.

As noções de forma escolar e forma de fazer serão retomadas para subsidiar o leitor que está lendo este livro sem conhecer o conteúdo do anterior que já se deteve na questão (Freitas, 2011). O objetivo é o mesmo, ou seja, evidenciar que, muitas vezes, nossos pés foram presos em armadilhas que armamos para nós mesmos.

Trata-se de percorrer um caminho escolhido propositadamente para que, juntos, possamos perceber que adjetivos contundentes (e estigmatizantes) como "lento", "deficiente", "incompetente" ou "inábil" são, antes de tudo, construções sociais que parecem ser "comprovadas" quando avaliadas.

Esse caminho argumentativo tem em suas intenções problematizar a naturalização das situações em que as "incapacidades" infantojuvenis são produzidas.

Problematizar essa naturalização significa reconhecer, como se verá adiante, que não é natural (e tão somente orgânico) ser lento ou deficiente tal como pode ser considerado natural, por exemplo, o processo que resulta na laranja, que é consequência do plantio da semente que, por sua vez, gerou a laranjeira e que, assim, "naturalmente" conduziu ao fruto. A relação entre causa e consequência na experiência escolar da inclusão nem sempre é o que aparenta ser.

Em outras palavras, quero convidar cada leitor a refletir sobre o alcance das classificações e critérios que utilizamos como se fossem naturais e necessários e, principalmente, imutáveis.

Quero propor uma reflexão que nos conduza a problematizar algumas de nossas práticas, tentando perceber se as dificuldades que as chamadas limitações pessoais acrescentam no trabalho escolar com crianças e adolescentes incluídas não estão excessivamente focadas na avaliação do desempenho de cada um diante de saberes que foram "curricularizados".

Quero caminhar com o leitor prestando atenção ao nosso modo de trabalhar.

E na companhia do leitor quero perguntar:

— Por que tem sido suficiente constatar que a chegada de novos atores trouxe dificuldades adicionais ao cotidiano docente, se essa constatação tem sido pouco ou quase nada acompanhada de reflexões sobre como (re)fazer a arte de incluir?

Se, por um lado, as bases descritivas e classificatórias construídas na história do conhecimento sobre o corpo e o intelecto são fundamentais para entender a apropriação de palavras-chave que estão abrigadas nas representações da inclusão, por outro, a transposição dessas bases para dentro dos cenários educacionais é bastante problemática se não se leva em consideração a perspectiva da pessoa que é representada com essas imagens.

Já tive oportunidade de comentar em trabalho anterior o quanto algumas imagens sobre as crianças se tornam "fantasmagóricas", ou seja, se tornam independentes em relação à pessoa a que fazem referência (cf. Freitas, 2000).

Tanto a entrada na cena escolar de um corpo desprovido de audição, fala ou visão, quanto a chegada de um corpo mutilado, deformado ou com restrições de mobilidade, ou ainda a atuação que não se ajeita a metrônomos e cronômetros, são situações instáveis que suscitam representações da visitação da doença ao templo da salubridade.

A antropologia nos oferece ferramentas analíticas para a compreensão dos diferentes modos de viver, para o entendimento das alteridades e, principalmente, para perceber que saúde e doença não são apenas fenômenos do corpo, mas também resultados de como nós o interpretamos.

A pedagogia, por sua vez, pode se abrir àquilo que podemos chamar de sensibilidade antropológica e se incumbir da tarefa de perceber quando as situações que posicionam os pares nos domínios da escola acentuam a percepção errônea de que as diferenças, simbolicamente, "comprovam" que um corpo estranho invadiu a corrente sanguínea de um corpo são. Esta é uma imagem impregnada de violência e quer lembrar que a expressão "escola inclusiva" facilmente pode se tornar vazia, desumanizada e, pior, "sinônimo de aborrecimento".

Explico o que quero afirmar com "sinônimo de aborrecimento".

Não há dúvida de que o tema avaliação ocupa a ordem do dia nas mais variadas instâncias, públicas e privadas, nacionais e internacionais que discutem a efetividade do trabalho escolar.

A avaliação em larga escala tornou-se ferramenta básica da intervenção estatal no mundo escolar, quando o que está em questão é definir a qualidade do trabalho de escolarização que é levado a efeito em cada escola. Isso é justo e necessário, mas suscetível a distorções.

A escola tem sua classificação, ou seja, seu índice de efetividade, e a sociedade no seu todo é incentivada a tomar ciência da situação em que se encontra a instituição responsável pela escolarização de suas crianças e adolescentes, comparando-as através de um *ranking*.

À medida que tais procedimentos de avaliação institucional em larga escala entraram gradativamente no cotidiano escolar, foi necessário coibir práticas de seleção interna de alunos, evitando assim que os chamados "mais fracos" fossem escondidos das lentes da avaliação.

Não é meu objetivo aqui discutir a avaliação em larga escala, mas restaurar a lembrança de que nossa concepção de avaliação pode dificultar, ou mesmo inviabilizar, a consolidação de escolas inclusivas.

Mesmo não sendo parte do escopo deste livro elaborar um argumento analítico específico para abordar a "era das avaliações", é fato que muitas pesquisas feitas sob minha responsabilidade revelaram práticas de ocultação de alunos considerados previamente incapacitados para participar dos exames governamentais.

Quantos orientandos de pós-graduação não voltaram da escola para a qual foram enviados para fazer pesquisa de campo trazendo da experiência grande perplexidade diante do que presenciaram seguidamente: professores e diretores reclamando que "o pessoal da inclusão" puxava os índices da escola para baixo, dificultando o acesso às recompensas pecuniárias prometidas pelo governo àqueles que ostentassem números crescentes (cf. Mecena, 2011).

É certo que esse "pessoal da inclusão" tem perfil variado e abrange desde alunos com desempenho insatisfatório até adolescentes em situação de liberdade assistida, passando pelas mais variadas situações de deficiência física e intelectual.

O fato, como será analisado na sequência, é que determinadas *performances* corporais e intelectuais são muitas vezes representadas como inadequadas porque são sentidas como estorvo diante do imperativo da eficiência que será avaliada interna e externamente.

Considerando esse tipo de reação, deve-se refletir sobre a constante ressignificação pela qual passa a palavra inclusão à medida que é usada no cotidiano escolar.

A escolha mais limitante e empobrecedora para "traduzir" a palavra inclusão presente no "idioma escolar" é aquela que toma incluir simplesmente por antônimo de excluir.

Inclusão, para falar com Bourdieu (2003), não é simplesmente passar pessoas do exterior para o interior de espaços reservados ou instituições. Não é à toa que esse autor cunhou a expressão "excluídos do interior" (cf. Bourdieu, 2003, p. 481) para referir-se àqueles que mesmo estando dentro permanecem fora.

Se a intenção fosse simplesmente contrapor inclusão à exclusão seria necessário, antes, estabelecer as bases com as quais se trabalha com o conceito de exclusão.

É possível encontrar, como já mostrou Xiberras (1993), teorias da exclusão em inúmeras matrizes sociológicas.

A exclusão, por exemplo, é representada nas obras de Émile Durkheim, de Georg Simmel, de Max Weber. Está presente nas "sociologias do desvio", cujo maior exemplo é a Escola de Chicago, e em muitos estudos sobre anomia, desvio e marginalidade.

Exclusão é palavra-chave nos estudos sobre estratificação social. Mas, a meu ver, exclusão e inclusão não devem ser trancadas unicamente na dinâmica analítica que percebe e denuncia a desigualdade social. É necessário ir além.

Exclusão e inclusão são palavras que oferecem pistas para a compreensão a respeito da nossa dificuldade permanente em nos colocarmos na perspectiva do outro, na "pele do outro".

Não enfrentamos ainda dificuldades básicas que demonstram o quanto o corpo marcado do outro ou as particularidades de sua intelecção geram desconforto entre nós, a ponto de nos atrapalharmos quando nos referimos às nossas deficiências, procurando eufemismos para lidar com nossas diferenças corporais e intelectuais, tal como fizemos historicamente com as diferenças culturais entre pessoas e povos.

Os marcos legais que desde a década de 1980 colocaram em circulação os direitos educacionais das "pessoas com necessidades especiais" ou "deficientes" produziram intenso uso da dicotomia exclusão-inclusão.

É necessário então perguntar: inclusão é uma palavra que serve de antônimo para toda a variação de sentido que a palavra exclusão acumulou pelo menos desde o final do século XIX?

Vulnerabilidades, avaliação e inclusão estão implicadas numa trama que tem feito da escola e seus cenários, especialmente a sala de aula, locais em que incluir tem sido um verbo permanentemente esvaziado.

Quais saberes e atores são necessários para refletir sobre o "específico" dessa situação que é central em nosso modo de viver? O que tudo isso acrescenta como desafio para a interlocução interdisciplinar entre os campos da educação e da saúde? O que isso suscita como desafio adicional à sempre incompleta interação entre escola e comunidade?

O que deve ser levado em consideração para que, no âmbito da educação praticada na forma escolar, se possa perceber o quanto a disposição do fator tempo (componente intrínseco dos ritos de avaliação) é, muitas vezes, a barreira interna instransponível para muitos?

Para responder a essas questões inicialmente, na sequência desta introdução, serão retomados alguns pressupostos para análise em curso.

Analisarei rapidamente conceitos de forma escolar e forma de fazer, que são interdependentes e necessários, depois abordarei o tema vulnerabilidade.

Uma vez delineados esses pressupostos de análise e argumentação, ainda que rapidamente, na sequência darei início às questões específicas deste livro.

No primeiro capítulo, avaliação e inclusão serão analisadas num ensaio sobre a percepção que temos da criança que chega à escola e passa a ser vista como "incluída". A organização da escola e seus territórios internos serão abordados procurando identificar o ponto de vista daquele que chegou a esse território.

Para levar a efeito essa identificação do ponto de vista de quem é incluído, utilizarei as categorias dialetismo e conectividade para expor minha análise sobre a formação de territórios internos para cada um no âmbito dos cenários escolares.

No segundo capítulo, o leitor encontrará um ensaio sobre eficiência e deficiência dentro da escola, conceitos explorados à luz de três categorias específicas para tratar dessa questão na perspectiva de quem chega, que são as categorias comensalidade, apetrechamento e amanualidade.

Por fim, no terceiro capítulo, farei um deslocamento territorial. A abordagem sairá dos domínios da escola para que avaliação e inclusão sejam analisadas dentro das experiências de confinamento nas quais crianças e adolescentes tentam permanecer conectados à escola, embora experimentem a condição de gravemente enfermos.

Após as considerações finais, serão indicadas leituras fundamentais para o aprofundamento do tema.

Pressupostos para análise. Ou: o que levar em consideração para assumir a perspectiva do incluído

Forma escolar e forma de fazer

O conceito de forma escolar tornou-se necessário para a noção de "aluno-problema" que está presente em alguns escritos meus anteriores e que indiretamente se referiram ao tema da inclusão (cf. Freitas, 2005, 2006 e 2011).

O conceito é igualmente necessário para a caracterização do ponto de vista do aluno que é identificado como incluído.

Forma escolar é um conceito que tem sua primeira formulação nos escritos vigorosos e inspiradores de Vincent, Lahire e Thin (1994).

A noção de forma escolar também foi apropriada em muitos estudos que se detiveram a analisar a configuração histórica da cultura escolar e a produção da materialidade dessa cultura (cf. Carvalho, 2000 e 2003; Faria Filho, 1998 e 2004; Hilsdorf, 2006; Vidal, 2005 e 2010).

No meu caso, o ponto de partida é a base argumentativa sugerida por Vincent, Lahire e Thin, mas o ponto de chegada tem certa autonomia em decorrência daquilo que especificamente quero enfatizar com o conceito de forma escolar. Não acredito em situações estruturantes absolutas. Ou seja, não reconheço em nenhuma estrutura abrangência e universalidade suficientes para explicar todo o comportamento humano que está contido naquilo que é designado como estrutura.

Não basta, portanto, "desvendar" o que é a escola ou o que é a escola dentro de um modo de produção historicamente definido, como é o capitalismo, por exemplo, para que se possa considerar a atitude de um diante do outro inevitável.

Mais adequado do que procurar desvendar a estrutura dentro da qual estão inseridas crianças e adolescentes é procurar desnaturalizar nossas práticas, ou seja, procurar entender por que e desde quando fazemos tudo o que fazemos.

O ponto de vista daquele que é considerado incluído é a perspectiva fundamental para que eu me aproprie do conceito de forma escolar de maneira peculiar.

Quem pesquisa a escola "por dentro" sabe que estou me referindo ao olhar daquele que passa pelo processo de inclusão escolar, que adentra um espaço em que tudo ou quase tudo lhe acrescenta mais uma dificuldade àquelas que ele trouxe consigo. É o olhar daquele que se depara incessantemente com a liturgia da simultaneidade dentro das cerimônias de receptação de conteúdos.

O desafio que se apresenta para essa criança ou para esse adolescente é o conteúdo e o tempo coletivo de aquisição desse conteúdo. Ou seja, prontamente se apresenta um duplo desafio: o de aprender e o de aprender tal como todos aprendem.

O conceito de forma escolar me é essencial para propor uma reflexão sobre "rituais de simultaneidade" e "cenários de encadeamento" dentro da escola.

Vou explicar.

Nossa sociedade não tem um tempo único, que abrange dentro de si todos os ritmos do cotidiano. Vários tempos se entrelaçam.

Algumas instituições produzem tempos próprios, ou seja, o transcorrer das horas dentro delas está diretamente relacionado aos seus propósitos.

Para além disso, certas instituições se confundem com tempos sociais. Por exemplo, a escola tornou-se um templo do tempo social infância. Em nossa sociedade, infância e escolarização tornaram-se quase sinônimos.

A escola, como instituição, projetou-se nos últimos dois séculos como uma estrutura configuradora do que consideramos ser a experiência central da criança no transcorrer da infância. Uso aqui a palavra configuradora porque nós chegamos a afirmar, por exemplo, que sem escola a criança não tem infância. Ou seja, com a escola nós produzimos a infância contemporânea, não somente com a escola, mas muito com ela.

Se pensarmos a formação da escola em nossa sociedade, perceberemos que ela foi entretecida por muitas mãos e aos poucos, mas foi continuamente retendo dentro de si os códigos de legitimação de um intenso ativismo para as crianças.

Esse ativismo, associado à sistematização do ensino e da aprendizagem, nunca foi representado como trabalho em si. Ou seja, dentro da escola as crianças nunca são vistas como sujeitos trabalhando, mas como pessoas desincumbidas do trabalho justamente porque estão estudando.

Dentro da escola, a partir do momento em que se iniciam os processos de alfabetização, a criança começa a trabalhar. Porém, esse trabalho não é confundido com o labor pago, porque a remuneração tornou-se prerrogativa do trabalho adulto. O que não é pago raramente é reconhecido como trabalho em sociedades salariais. Se isso vale para o que as crianças fazem, vale também para o trabalho doméstico, especialmente o trabalho domiciliar feminino.

Como já expliquei em outra publicação (Freitas, 2011), o sentido que a escola adquiriu em nossa sociedade é relativamente recente, em termos históricos pode-se dizer novo.

Para compreender isso é necessário entender também o sentido que a escola adquiriu.

Não basta procurar pela presença das palavras educação e escola num passado remoto para desvendar o sentido do que fazemos, porque o que dá especificidade histórica ao uso que fazemos da instituição é muito particular à sociedade que construímos nos dois últimos séculos.

Mais importante do que entender desde quando as palavras educação e escola existem e são usadas, é perceber o que aconteceu com a educação quando passou a ser predominantemente produzida e usada na forma escolar.

No transcorrer do século XIX, foi se consolidando a atual forma escolar, ou seja, a forma que a educação adquiria para se massificar, o que ocorreria aceleradamente em muitos locais no correr do século XX. É essa escola que está se globalizando.

Muitas vezes a escola é representada como instituição que sempre existiu. Parece que a humanidade, sempre que manejou os sentidos de educação, teve em mente um local para onde se vai aprender, onde nos aguarda um professor para ensinar conteúdos que todos consideram necessários.

Tem-se a impressão de que a escola que temos hoje é antiquíssima, como se o uso que dela fazemos tivesse "a mesma idade" da palavra escola. Julga-se, às vezes, que uma escola qualquer nos séculos XVI ou XVII é a mesma que temos atualmente, porém com uma diferença de base tecnológica.

Dependendo da narrativa que se faz, a história da escola se torna uma espécie de crônica da utilização de apetrechos para ensinar, como se, por exemplo, o nanquim e o tinteiro fossem uma espécie de tataravôs do *laptop*.

Não é bem assim, por isso vou continuar argumentando.

Na segunda metade do século XIX, aquilo que nós identificamos como componentes básicos da vida escolar não estavam sendo, naquela circunstância, por assim dizer inventados.

Palavras-chave do meio escolar como professor, aluno, currículo, prédio escolar, métodos, avaliações, manuais, carregavam diferentes ciclos de existência histórica em seus contornos. Tinham "idades" diferentes.

Todas essas palavras-chave da vida escolar equivaliam a processos que estavam em construção. Em certo sentido, cada uma tinha um ponto de partida próprio e cada palavra havia se misturado às demais em situações bastante específicas.

O que é novo, novo mesmo, a partir da segunda metade do século XIX é a impressionante ritualística de concatenação que se estrutura para que a educação se espalhe, e forma escolar é um conceito diretamente vinculado a esse sentido histórico: para que a educação se espalhe!

Naquele contexto, a novidade se apresentava no fato que todos aqueles componentes estavam no mesmo lugar, ao mesmo tempo, com os mesmos propósitos, para que todos cumprissem os mesmos objetivos, partindo dos mesmos pontos de partida, direcionados aos mesmos pontos de chegada, dispostos nas mesmas referências de tempo de execução, avaliados com os mesmos critérios e escalonados em atividades progressivas.

Essas atividades concatenadas e progressivas, praticadas no mesmo lugar, darão origem às séries, às escolas seriadas que organizavam não somente a aquisição progressiva de conteúdo conforme o crescimento físico e intelectual da criança. Essa forma de organizar a partilha educacional também proporcionava a identificação e correspondência entre idade e série escolar de modo que, em pouco tempo, já se sabia que uma criança de dez anos não poderia estar na mesma classe que uma criança com sete anos, salvo reprovação e repetência da primeira.

A simultaneidade torna-se tudo na educação que se pratica nessa forma, a escolar.

Assim, mais importante do que o aprendizado de cada um, se torna o aprendizado de todos ao mesmo tempo, ficando por conta de cada um não sair do ritmo que é igualmente exigido de todos. Momentos memoráveis na história da pedagogia e dos debates educacionais que ocorreram no século XX trouxeram à luz a questão da responsabilidade sobre o insucesso escolar.

Quantas correntes de pensamento não se projetaram argumentando que a responsabilidade pelos insucessos era da escola e de seus métodos antiquados e, em contrapartida, quantas não se contrapuseram a esse argumento devolvendo ao aluno a responsabilidade por seus passos e tropeços?

A escola seriada desde então vem sendo criada, recriada e recomposta em diferentes ciclos de progressão. Os passos da progressão ora são reiterados, ora são reprogramados. Mas nem a organização mais flexível que os ciclos permitem retira dessa forma o lugar central que a simultaneidade confere aos rituais coletivos de aprendizagem.

Como organização complexa a escola, em primeiro lugar, organiza tempo e modo de fazer. Ou melhor: é com a organização do tempo e do modo de fazer que a educação adquire a forma escolar. O primeiro "produto" da escola é o modo de fazer educação.

Assim, se produz uma forma de fazer que induz o trabalho escolar a adaptar-se aos tempos de realização de tarefas necessariamente encadeadas e simultâneas. Em outras palavras, o tempo de fazer se incorpora ao processo de assimilação de conteúdos. Por exemplo, não está em questão somente se a criança responde ao questionamento, mas também quanto tempo ela leva para responder.

Torna-se fundamental para o trabalho docente planejar e controlar os tempos de execução que têm pontos de partida e de chegada bem definidos. Esse trabalho *depende* do lugar em que é realizado. Nesse sentido, a noção contemporânea de sala de aula rapidamente deixou de ser um ponto de partida para tornar-se definitivamente *o* ponto de chegada.

Zelar pelo andamento e pelo ritmo do trabalho é uma tarefa que conduz o professor a agir de modo a (tentar) conduzir a todos os alunos num mesmo ritmo de execução de qualquer tarefa. Cada docente sabe que será cobrado nesse sentido.

O leitor pode lembrar, por exemplo, de uma ferramenta típica das escolas cujo uso se consolida e se populariza no século XX: a lousa.

A lousa é um dispositivo de organização da comunicação visual e do tempo também.

Trata-se de um instrumento para operações simultâneas. São operações desencadeadas na ação de um (o professor) na interlocução concomitante com muitos (os alunos), com base no mesmo conteúdo que vai sofrendo o impacto adaptativo de ser usado e apresentado dentro dessa forma.

O leitor também pode pensar no processo de configuração dos espaços internos de ensino e aprendizagem, o que se revela também como exemplo importante. O exemplo mais óbvio já foi mencionado, é o da sala de aula.

A sala de aula tornou-se um cenário fundamental, típico das sociedades salariais.

Se há alguma força simbólica a ser reconhecida no uso da palavra "típico" para qualificar a sala de aula como cenário específico de nossa sociedade, essa força pode ser confirmada constatando o quanto é acertado indicar que esse cenário é uma síntese do específico de nosso tempo, de nosso modo de viver.

Com isso quis dizer que muitas representações coletivas que nutrem as nossas relações sociais se alimentam das imagens produzidas dentro desse cenário, a sala de aula.

O que deu especificidade histórica a esse cenário foi a contínua e necessária eliminação dos trabalhos não simultâneos (as classes com alunos em diferentes níveis de aprendizagem, por exemplo) e a identificação do lugar como espaço de homogeneidade (de ritmo, de idade, de ponto de partida, de ponto de chegada).

Concretamente, quem conhece uma sala de aula sabe que esse lugar não é o reino da homogeneidade, pelo menos não o tempo todo. Não obstante, a sala de aula é sempre representada com imagens da homogeneização.

Isso ocorre porque sua essência está voltada para o trabalho simultâneo.

A organização simultânea dos trabalhos escolares não pode ser comparada com a organização sinfônica dos trabalhos musicais. Portanto, mestre e maestro, nesse caso, não se confundem.

Na organização sinfônica, o pressuposto é da complementaridade entre ações diferentes reunidas na mesma pauta de condução das diferenças. Quem ouve a ação sinfônica ouve, ao mesmo tempo, as partes e o todo.

Já a sala de aula é configurada por uma noção de todo que predomina sobre a expressão das partes. Por isso, a sala de aula é uma antissinfonia, pois toda vez que se ouve a parte é porque alguém está destoando do todo.

Esse cenário, na perspectiva que está sendo usada neste livro, supõe uma homogeneidade que, em certas circunstâncias, não é condizente com a realidade encontrada pelo professor. É simplesmente irreal, mas inescapável, fato que assombra o trabalho docente.

A forma de fazer que esse cenário enseja, ainda que aberto à constante recriação por parte dos seus protagonistas, em algum momento se sobrepõe aos sujeitos envolvidos na execução das mesmas tarefas que só estão presentes porque são, antes, reconhecidas como tarefas realizáveis dentro do mesmo espaço/ tempo.

Trata-se de uma organização que produz intensa comparação entre pares, uma vez que todos os que estão juntos são supostos realizadores competentes de tarefas projetadas para o mesmo ritmo de execução.

Assim, historicamente construímos um campo de atuação no qual atributos pessoais tornam-se expressões mensuráveis e comparáveis, como se a tarefa executada fosse um campo neutro em relação aos executores.

Sou lento em relação a você que executa a tarefa que temos em comum com velocidade superior à minha. Minha suposta lentidão depende da sua presença, da execução da mesma tarefa com o mesmo parâmetro de tempo. Mas se eu fizer em trinta minutos o que você faz em cinco, a lentidão passa a ser minha, sem desestabilizar por um momento sequer os fundamentos da ação levada a efeito.

Tudo isso precisa ser considerado, especialmente quando se tem a intenção de refletir sobre pontos de vista, vulnerabilidades, avaliação e inclusão.

Minha expectativa é que essa breve incursão nos temas forma escolar e forma de fazer convença o leitor de que as vulnerabilidades e deficiências que carregamos não são exclusivamente atributos pessoais.

Quero avançar visitando muito rapidamente os domínios da noção de vulnerabilidade, que ora parece ser capaz de descrever a tudo e a todos, ora se mostra tão abrangente que parece dirigir-se a nada e a ninguém. Essa visita rápida que virá na sequência será compensada com o retorno à questão, o que ocorrerá inúmeras vezes no desenvolvimento dos demais capítulos.

Vulnerabilidades

Essa breve visitação quer destacar e reconhecer que vulnerabilidade é uma palavra amplamente utilizada. Nos últimos vinte anos, esse conceito tem sido continuamente reconstruído à medida que é usado.

Quando relacionada à vida urbana, vulnerabilidade é palavra obrigatória para abordar a situação concreta daqueles que estão mais expostos a riscos iminentes. Um exemplo recorrente se encontra na situação de pessoas e famílias que habitam locais suscetíveis a inundações de deslizamentos.

A noção de situação de risco é prima-irmã da noção de vulnerabilidade e dá visibilidade ao impacto que os problemas ambientais, alimentares e de segurança têm sobre a vida concreta das pessoas.

Em algumas situações específicas, a escassez de recursos e o déficit de políticas públicas completam o repertório de imagens que vulnerabilidade e situação de risco oferecem aos analistas sociais (Bartelett et al., 1999; Hilhorst e Bankoff, 2004; Barnet et al., 2010; Evans, 2010), tratadas juntas ou separadamente conforme o caso.

Aliás, as chamadas vulnerabilidades sociais têm presença constante nas narrativas sobre o cotidiano em territórios de acentuada pobreza. Por isso, pobres têm sido considerados vulneráveis às mais variadas situações.

Decorre desse excesso de abrangência que não poucas vezes as representações das vulnerabilidades sociais, como aquelas que descrevem a vida nas periferias das grandes cidades, por exemplo, tornam-se também representações de "toda" a experiência urbana de crianças e adolescentes, adultos, idosos, mulheres ou homens.

A reducionista noção de "reflexo" é presença constante em muitas abordagens que "denunciam" problemas específicos, como se bastasse explicitar que se trata de "reflexo" da pobreza para que o específico da questão fique imediatamente esclarecido (O'Brien e Leichenko, 2007).

Para alguns autores estrangeiros, não há como estudar crianças e adolescentes urbanas sem o conceito de vulnerabilidade (Brklacich et al., 2010). Se a prudência for mantida de modo a evitar generalizações abusivas, não há por que negar que esses autores têm razão, ou seja, o conceito de vulnerabilidade é importante ainda que exija depuração constante.

No que toca à avaliação das bases materiais da vida de crianças e adolescentes, no Brasil têm predominado as matérias analíticas que buscam elucidar os efeitos da presença ou ausência de políticas públicas governamentais, registrando-se a forte presença de bases estatísticas para descrever os estratos e segmentos sociais que sofrem os efeitos da ação ou da omissão do Estado em locais em que tudo falta, com baixíssimos "estoques de amenidades" no cotidiano (Freitas e Biccas, 2009; Marques, 2010).

No âmbito da saúde, os cuidados epidemiológicos sempre foram eficazes em disparar advertências a respeito de condutas responsáveis pelo aumento da vulnerabilidade de certos segmentos populacionais em relação ao risco de se contrair ou propagar determinadas doenças.

Nesse sentido, um exemplo recente de assimilação social das representações da vulnerabilidade e das situações de risco pode ser recolhido na história da síndrome da imunodeficiência adquirida, a Sida ou Aids na forma como se popularizou a sigla em inglês.

No final do século XX, o tema vulnerabilidade tornou-se assunto recorrente nos círculos acadêmicos interessados no tema do desenvolvimento econômico, especialmente nas análises que buscavam compreender as repercussões do bem-estar econômico na vida das pessoas (cf. Moser, 1998; Sen, 1981 e 1990).

Possivelmente, o universo analítico relacionado ao tema desenvolvimento econômico foi o que mais se apropriou do tema, uma vez que a produção de prognósticos tornou-se a razão de ser do diálogo entre economistas e sociedade e, nesse universo, indicar vulnerabilidades tornou-se uma estratégia necessária para prognosticar.

Não faltaram nos últimos 20 anos projetos pautados pela urgência de ultrapassar níveis críticos de vulnerabilidade social.

Em relação às crianças, Castañeda e Aldaz-Carrol (1999) defenderam que a maior vulnerabilidade decorria do processo de transmissão geracional da precariedade material, situação essa com potencial altamente destrutivo em relação à vida escolar e ao crescimento intelectual (cf. Escobar, 1995; Ferguson, 2003).

Como se percebe, a palavra vulnerabilidade que será utilizada neste livro para refletir sobre o ponto de vista daquele que é considerado incluído está associada a abordagens macroscópicas, generalizantes e, de certa forma, mais distantes do uso que farei para pensar a criança e o adolescente em pequenos espaços, em cenários circunscritos.

Neste livro, vulnerabilidade é uma palavra-chave para entender a situação de cada criança e adolescente em processo de conectividade institucional.

Esse ator é, dentre os demais, aquele que sempre está mais próximo de ser reconhecido como o não aluno, o antialuno, o aluno-problema. A exposição de suas particularidades expõe também sua vulnerabilidade física, emocional e moral à presença debilitante de olhar demasiadamente devedor das lógicas homogeneizantes dos territórios institucionais.

Vulnerabilidades pessoais e situacionais estão sempre em movimento de intercâmbio. Onde termina uma e começa outra é difícil precisar.

Webb e Harinarayan (1999) sugerem que o uso mais adequado do conceito de vulnerabilidade é o que faz dele um "conceito ponte" (*bridging concept*). Pontes são necessárias para estabelecer abordagens interdisciplinares, sem as quais este livro sequer existiria.

Riscos e vulnerabilidades são questões que a meu ver também se revelam de forma mais consistente quando abordadas de dentro para fora, de perto para longe.

A criança e o adolescente que são considerados atores da inclusão chegam invariavelmente à escola com diferentes camadas de vulnerabilidades sobrepostas.

Porém, o que é crucial perceber é que as situações tornam as particularidades do corpo e do intelecto vantajosas ou desvantajosas em relação aos demais que estão presentes nos cenários institucionais.

Para qualificar o debate sobre inclusão, mais importante do que reconhecer atributos pessoais que revelam feitos e defeitos é compreender a situação das pessoas entre si quando justapostas e dispostas umas em relação às outras.

Situações relacionais[1]

Vulnerabilidades, avaliação e inclusão são palavras que demandam demonstrar em relação a que e em relação a quem são apresentados os atributos daquele que protagoniza a experiência de inclusão.

Por isso, o que chamo de situações relacionais são dimensões do cotidiano que configuram elementos fundamentais para entender a "construção de deficiências e desajustes" em territórios de trabalho simultâneo.

Se a noção de inclusão escolar que predomina entre nós é fortemente marcada pela intenção de acolher os chamados deficientes ou desajustados no ambiente escolar, sem a análise das situações relacionais permaneceremos achando que a deficiência ou o desajuste são meramente atributos que as pessoas trazem consigo.

Quero afirmar claramente que, em minha opinião, a deficiência não é somente um atributo que a pessoa traz consigo. Ela também se faz na situação. O mesmo se dá em relação aos desajustes.

Temos um acervo considerável de estudos sobre a escolarização de crianças deficientes, e temos também números expressivos no que diz respeito à produção de textos que discutem políticas públicas relacionadas às deficiências de toda espécie. O uso em larga escala de imagens da vulnerabilidade decorre, de certo modo, do crescimento desse acervo.

A produção de análises sobre desajustes tem sido predominantemente conduzida pelos estudos sobre violência, juventude, drogadição e sexualidade (cf. Velho, 1989, 2003; Velho e Kuschnir, 2003; Velho e Alvito, 2000).

---

1. As reflexões desta seção derivam de Freitas (2007).

Neste momento, vou me ater às chamadas deficiências. De forma geral, pensamos as deficiências considerando mais alguns aspectos do que outros. Propositadamente, os aspectos com déficit de consideração são os que recebem atenção mais detida na proposta deste livro.

O significado de cada palavra passa por processos contínuos de sedimentação e, ao mesmo tempo, de reordenação de sentido. Podemos perguntar: o que tem colaborado para que pensemos as deficiências tal como as pensamos?

As representações de deficiências e deficientes interferem na forma como pensamos e usamos as palavras vulnerabilidade, avaliação e inclusão?

Nosso entendimento social a respeito das deficiências é obra da ciência? Ou é fruto do debate acadêmico? Resulta da experiência cotidiana dentro da qual convivem as pessoas que são (todas elas) portadoras de suas experiências corporais e intelectuais?

Para discutir tudo isso em perspectiva relacional, no contexto deste livro, a palavra-chave a ser desvelada é a palavra "simultaneidade".

A simultaneidade é uma situação-conceito essencial para compreender a perplexidade que a criança deficiente introduziu nos condomínios de alguns etnógrafos, antropólogos, sociólogos e historiadores.

Trata-se de uma perplexidade porque, nalgumas circunstâncias, deficiência e deficiente tornaram-se socialmente visíveis só porque foram contrastados simultaneamente com a não deficiência (cf. Freitas, 2007).

Tenho insistido que deficiências e não deficiências só se tornam distinguíveis na experiência que constitui a própria sociedade. Isoladamente não se é deficiente.

Quero lembrar com Norbert Elias que:

> A dependência dos outros é um fator intrínseco dado por natureza ao ser humano, na medida em que sua regulação comportamental específica se desenvolve apenas nas e pelas relações com os outros [...].
> É esta conexão de funções que os seres humanos têm uns para os outros, unicamente esta teia de funções que constitui aquilo que chamamos de sociedade. Ela representa uma existência muito particular. As suas estruturas são aquilo que chamamos estruturas sociais. E quando falamos de regularidades sociais o que na realidade visamos é o seguinte: a regularidade própria da relação entre indivíduos [...]. Para compreendermos a forma de cada uma das partes, temos de partir no nosso pensamento da estrutura do todo. Estes fenômenos e muitos outros, por mais diferentes que o sejam, têm, de resto, uma coisa em comum: para se chegar a um entendimento referente a eles, para a sua compreensão é necessário romper-se com o pensamento em substâncias singulares isoláveis e fazer-se a ponte para um pensamento em relações e funções (Elias, 2003, p. 34-7).

Em outras palavras, eu não sou deficiente sem estar dentro de situações concretas nas quais sou avaliado em relação à execução de tarefas que outros executam, independentemente das particularidades que podem distinguir nossos corpos e nossos intelectos. Sou deficiente em relação à eficiência de outro na execução operacional do que quer que seja.

Muitas vezes, o que pensamos da deficiência é decorrência do que pensamos também sobre o sentido da experiência social que compartilhamos.

McDermott e Varenne (1996, p. 106-7) perceberam que deficiência, em sentido antropológico, é uma imagem distorcida e que se fragmenta nos repertórios analíticos da privação cultural, da diferença cultural ou simplesmente naquilo que os autores consideram ser uma "cultura da deficiência".

A incapacidade é constantemente ressignificada constituindo-se, por oposição, em uma ideologia da capacidade, nos termos de Thompson (2002). Por isso, a incapacidade deve ser vista em primeiro plano como parte das representações sobre a "legitimidade" da subordinação entre pessoas e só depois como conteúdo de uma experiência pessoal.

Em que momento a perna que me falta se torna uma desvantagem social, para além das dificuldades de mobilidade que me causa? Torna-se desvantagem social quando tenho que disputar ou acompanhar o ritmo daquele que tem as duas pernas. Se a execução da tarefa que nos cabe não admite reelaboração, eu participo dessa situação como alguém não eficiente, impossibilitado de realizar a tarefa tal como o outro a realiza.

Com facilidade, torna-se mensurável a posição que determinado grupo está em relação ao uso de um apetrecho. Para exemplificar apetrecho pensemos, por exemplo, o uso do computador.

O uso pleno é convertido em índice máximo e o não uso se transfere às pessoas, as quais adquirem a condição de atrasados em relação a uma situação dada, a dos que usam plenamente.

O fraco desempenho por parte de alguns às vezes favorece a imagem social da incapacidade geral de amplos grupos. Ocorre então que um apetrecho qualquer passa a sinalizar a incapacidade de muitos que não estão aptos a operá-lo. Nessa situação, indagar o que é deficiência significa encontrar uma resposta pronta: deficiência é a vitória do apetrecho sobre a pessoa.

Para deixar mais claro, explico: a deficiência é muitas vezes representada com base na indicação de que certos aparelhos só são manuseáveis a partir de certas propriedades corporais. Dermott (1996, p. 107) condena a ideia de que o "[...] mundo consiste num quadro de tarefas, algumas das quais difíceis. Desenvolvimento se refere a progredir preordenadamente nos passos para adquirir competências bem definidas para lidar com tarefas importantes".

Muitas assimetrias sociais são naturalizadas na falsa dualidade que se estabelece entre capacitados e incapacitados. Ininterruptamente, há intercâmbio de sentido entre as imagens do "incapaz" com as do "diferente".

Se usarmos um pouco da fortuna crítica dos estudos culturais tal como Hall (2000) os usa e formula, em cada situação, direta ou indiretamente envolvida com a criança deficiente, o que cabe investigar são os movimentos pessoais e institucionais que organizam a posição na qual cada um será percebido como diferente.

O que quer dizer posição, nesse caso? Nos termos sugeridos por Goffman (2011), produzimos cenários que estruturam a experiência em que cada um se percebe e que percebe também o outro. Nesse lugar, todos, ao mesmo tempo, percebem a diferença de desempenho porque se percebem também "dentro" do desempenho do outro.

Cada posição tem no seu bojo um conjunto de possibilidades e aspirações consubstanciais ao que se espera de qualquer pessoa que a ocupe.

Como naturalizamos as instituições que temos, no âmbito das tarefas supostas para cada uma delas, não se espera do deficiente mais do que o mínimo em cada posição ocupada (se é que dele se espera alguma resposta).

Um pouco à Bourdieu, McDermott e Varenne (1996, p. 109), relembram que cultura é também ocasião para deficiências; ela ativamente organiza as formas para que as pessoas possam ser deficientes.

Quero chamar atenção para a importância de se observar a criança quando ela é considerada um corpo estranho para aquilo que a rotina escolar tem a oferecer ao seu intelecto.

Para compreender o sentido que é socialmente construído sobre inclusão, torna-se necessário desvendar os múltiplos jogos de verificação de *performances* em relação ao lidar com apetrechos, sejam eles máquina, caderno, lousa ou bola.

A escola é um dos mais complexos campos de tarefas cumulativas e que, além disso, faz com que diante das mesmas tarefas que se distribuem para todos, os vários deficientes sejam considerados uma cultura subalterna.

No Brasil, na década de 1940, no Rio de Janeiro, Arthur Ramos observou por cinco anos consecutivos crianças nas Escolas Experimentais. De sua pesquisa de campo, um verdadeiro mergulho no cotidiano escolar, retirou a seguinte conclusão:

> A nossa experiência no exame de escolares difíceis mostrou que havia necessidade de inverter os dados clássicos da criança chamada anormal. Esta denominação — imprópria em todos os sentidos — englobava o grosso das crianças que por várias razões não podiam desempenhar os seus deveres de escolaridade, em paralelo com outros companheiros, os normais (Ramos, 1947, p. 12).

A criança que vive a experiência de inclusão muitas vezes é vista e se vê como anormal.

Convém retomar mais uma vez os estudos de McDermott e Varenne (1996) para reproduzir um exemplo do conflito entre avaliação, testes, diagnósticos, apetrechos e a sedimentação do "lugar de cada um".

Os autores relatam uma ocasião em que uma equipe de pesquisa atuou na escolarização de jovens que trabalhavam com o serviço altamente insalubre de exterminar pragas de insetos e roedores na cidade de Nova York.

Trata-se de uma ocupação que ainda hoje recebe licenciamento das autoridades sanitárias, contudo a maior parte dos envolvidos não era licenciada porque era composta de analfabetos.

Eles eram analfabetos porque a escola os considerou incapazes para o aprendizado escolar. Tais jovens socialmente constituíam aquele grupo que lá muito facilmente se rotulava como de "retardados".

Contudo, os educadores que com eles se envolveram descobriram uma espécie de círculo vicioso. Não eram considerados aptos a determinadas tarefas porque não passavam nos testes e não passavam nos testes porque eram analfabetos. Portanto, embora trabalhassem como controladores de pestes, não tinham nem reconhecimento nem ganhos suficientes.

O processo de escolarização desse grupo tomou por base a verificação das habilidades que demonstravam, o que, para surpresa de muitos, apresentou resultados expressivos. Sabiam, acima de tudo, controlar pestes.

Tal como afirmaram os autores da pesquisa:

> Saber que formicidas queimam a pele não é a mesma coisa que saber responder um questionário ou teste no qual se pergunta se formicida tem a propriedade de queimar ou não a pele. [...] Todo dia o mundo letrado adquire novos leitores. Testes de letramento são idealizados para documentar a falha e aquele que falha em escrever (McDermott e Varene, 1996, p. 119-20).

Trata-se de um exemplo entre muitos que poderiam ser citados para demonstrar a produção das inaptidões por justaposição de pessoas.

Em momentos diversos, a palavra "aptidão" foi também usada contra as crianças.

De forma especial, a deficiência como signo de inaptidão social carregou e carrega séculos de classificação, aferição e deslocamento constante de sua substância num movimento que vai dos condomínios da saúde para os da assistência social e vice-versa. Essa questão vem de longa data.

Em 1900, Signé redigiu o *Manuel general d'instruction primaire*, que foi publicado em 1906. Na página 132, o autor indica o conteúdo social da palavra anormal e ensina a identificá-la na escola.

A palavra é indicada para facilitar a separação daqueles que, "minoritários", atrapalhariam as maiorias: cegos, surdos, mudos, idiotas, cretinos, imbecis, epiléticos, histéricos, escroques, paralíticos, hemiplégicos, imbecis morais, sujeitos à perversão do instinto, retardados, débeis, instáveis, desequilibrados, indisciplinados, ingovernáveis.

Classificados os anormais, a noção de maioria tornava-se sinônimo social de normalidade e sinônimo político de maioridade intelectual, se comparada à noção de minoria como expressão de anormalidades.

Desprovidos de credenciais, os deficientes, alunos ou não, estiveram e estão submersos nas tensões sociais que se manifestaram nos últimos cinco séculos sobre o que fazer com pessoas facilmente classificadas como "inúteis".

Insisto na importância de levar em consideração em toda análise sobre inclusão as "situações relacionais".

Trata-se da fundamental atenção aos processos nos quais as situações se sobrepõem às pessoas cuja identidade sofre a aderência da capacidade do outro, só que pelo avesso: a pessoa passa a ser vista pelo que não faz em relação aos que fazem.

Essas questões estão relacionadas tanto à criança e ao adolescente que tentam superar as dificuldades dos processos de inclusão quanto àqueles que, uma vez gravemente enfermos, não querem perder os vínculos com a escola.

Educação e saúde são campos completamente interligados no que tange ao tema inclusão. Se prestamos atenção ao componente relacional de cada situação, ficamos também mais atentos aos agentes que são os supostos "operadores" da inclusão, os protagonistas do "atendimento".

Assim como a criança considerada deficiente historicamente encontrou e encontra dificuldades com a instituição escola, a criança gravemente enferma ainda aguarda a estabilização de práticas que levem em consideração seu direito à educação, mesmo quando está experimentando as adversidades de uma situação que a retirou do convívio escolar.

Convém recuperar alguns precedentes históricos no enfrentamento da questão.

É o caso de lembrar rapidamente algumas ações propostas por Oscar Clark no Brasil da década de 1940 e que tiveram expressiva acolhida no universo da filantropia relacionada à criança.

Sua proposta básica consistia numa espécie de "segregação integrada" para crianças de zero a quatorze anos.

Concebeu aldeias educacionais e indicou em seu tratado que tais aldeias deveriam funcionar como "hospitais-escola" (Clark, 1940, p. 9). Considerava que, no Brasil, o hospital-escola teria condições de acrescentar ao debate mundial sobre a escola ativa um dado particular, o que significava, no seu entender, reconhecer que a escola ativa deveria ser "a escola baseada na fisiologia" (Idem, ibidem, p. 21).

Por um lado, Clark indicava que todo procedimento de escolarização deveria ser precedido de um diagnóstico médico. Por outro, tornava o diagnóstico clínico a própria razão de ser da instituição educativa, demonstrando o quanto é longeva em nosso país a ideia de que à cada deficiência deve equivaler um patamar de acesso ao conhecimento. Isso porque o autor entendia ser possível definir *a priori* o "ponto máximo" de realização escolar de cada criança, tomando por base a média de desempenho das turmas, das classes escolares.

Sua proposta de ação decorria da interpretação singular que fazia sobre a natureza das instituições relacionadas ao bem-estar e à formação intelectual da criança.

Ele afirmava que "medicina é biologia aplicada; [...] educação é tudo o que protege o desenvolvimento harmônico do organismo; [sendo a] educação, portanto, sinônimo de saúde pública" (Clark, 1940, p. 21).

Em seus escritos a escola pública é desenhada como um campo de aperfeiçoamento do sanitarismo (Idem, ibidem, p. 111 e 135).

Entretanto, aquilo que pode sugerir simultaneidade entre o uso das técnicas oferecidas pelo conhecimento médico e as práticas escolares de atendimento da criança, na realidade, se revela pré-requisito para que a escolarização aconteça. Em outras palavras, para o médico a escolarização é prerrogativa de quem estiver curado.

A escolarização pode até acontecer durante o período de tratamento, afinal de contas o autor propunha um hospital-escola, contudo, sua proposta para aquisição de conhecimento não deixava dúvida: pressupunha um corpo inteiro.

Oscar Clark colocava-se na trilha aberta por muitos republicanos que consideraram a escola primária um instrumento de regeneração do país mediante a elaboração social de uma nova infância. O que cabia ser feito, no seu entender, era aparelhar as instituições escolares para que elas pudessem aferir as potencialidades cognitivas, ao mesmo tempo que os diagnósticos das deficiências orgânicas fossem divulgados.

Oscar Clark não foi um inovador quando propôs hospitais-escola. Em Londres, no início do século XX, funcionavam algumas escolas para internos em hospitais. Em Lyon, na França, em 1907, foram abertas classes dentro dos hospitais que ficaram conhecidas como escolas-sanatório (Vial, 1998, p. 343).

A organização de tais instituições passava ao largo das opiniões dos defensores dos direitos dos cegos e dos surdos que, desde o século XVIII, se preocupavam em mostrar que a utilização de técnicas apropriadas poderia conferir tanto ao cego quanto ao surdo crescimento intelectual, artístico e profissional em ambiente escolar (Idem, ibidem, p. 344).

Monique Vial (1998) destaca que em várias das tentativas de amalgamar o conhecimento médico com o conhecimento pedagógico estavam depositadas as imagens que dariam substância aos muitos eventos que, na abertura do século XX, operariam a transformação de crianças problemáticas em alunos problemáticos.

Boa parte das metáforas que espalham imagens da boa *performance* pela sociedade toma por base uma criança ágil diante de apetrechos e de atividades cronometradas.

Agilidade e lentidão só existem em situações comparativas, ou seja, sempre em relação a alguém e diante da mesma tarefa. Sem compreender a dimensão relacional das situações, as deficiências ficam restritas àquilo que têm de menos elucidativo, que é a perspectiva orgânica.

1
O problema do outro:
reconhecer a presença de quem é incluído

Em 2004, Canclini teceu algumas considerações sobre dificuldades metodológicas que considero oportuno retomar parcialmente aqui para organizar a exposição deste capítulo, em que discutirei a percepção da presença de quem foi incluído.

Na sua opinião:

[...] Estudar as diferenças e preocupar-se com o que nos homogeneíza tem sido uma tendência distintiva dos antropólogos. Os sociólogos costumam deter-se na observação dos movimentos que nos igualam e dos que aumentam a disparidade. Os especialistas em comunicação costumam pensar diferenças e desigualdades em termos de inclusão e exclusão. [...] Para as antropologias da diferença, cultura é pertencimento comunitário e contraste com os outros. Para algumas teorias sociológicas da desigualdade, a cultura é algo que se adquire fazendo parte das elites ou aderindo aos seus pensamentos e gostos; as diferenças culturais procederiam da apropriação desigual dos recursos econômicos e educativos. Os estudos comunicacionais consideram, quase sempre, que ter cultura é estar conectado. [...] É uma questão teórica e é um dilema-

-chave nas políticas sociais e culturais. Não só como reconhecer as diferenças, como corrigir as desigualdades e conectar as maiorias às redes globalizadas (Canclini, 2009, p. 15-16).

Desnecessário argumentar que os objetivos analíticos do autor não são os mesmos deste livro. A utilização desse excerto é, aqui, um recurso simples de organização argumentativa.

As considerações do autor foram produzidas num contexto em que ele procurava esclarecer a diferença fundamental entre multiculturalidade e interculturalidade. A primeira estaria relacionada à aceitação da heterogeneidade, a segunda seria o reconhecimento de que os "diferentes são o que são, em relações de negociação, conflito e empréstimos recíprocos" (Idem, ibidem, p. 17).

O foco deste livro é outro, mas quero associar alguns aspectos da fértil reflexão de Canclini àquilo que é discutido aqui, principiando pelo tema da percepção ou do reconhecimento da situação do outro, da diferença de quem chega, no bojo de processos de inclusão.

Começo com um depoimento pessoal, construído à luz da experiência de quase duas décadas como orientados de pós-graduação.

Tenho sob minha responsabilidade inúmeros projetos que empreendem pesquisas etnográficas em escolas, especialmente em escolas públicas.

O acúmulo de informações gerado pelas etnografias gerou a oportunidade de conhecer o cotidiano escolar "por dentro". Quem muito observa rotinas escolares por dentro das instituições percebe que, salvo em situações muito singulares, nas quais as particularidades do corpo e do intelecto chamam muita atenção, leva algum tempo para que as demais crianças associem as deficiências de alguém que é incluído à perspectiva do insucesso.

O primeiro problema daquele que é considerado incluído é deparar-se com uma dinâmica que tem na transmissão de conhecimento transposto à forma escolar sua razão de ser.

A escola não tem na pessoa os fundamentos de sua existência. Argumentei anteriormente que a escola é uma construção histórica que deu e dá forma ao processo de multiplicação da educação formal.

Usando as palavras de Canclini (2009), quando nos preocupamos antropologicamente com o que nos homogeneíza percebemos que, na escola, é o compromisso com o conteúdo curricular aplicado na mesma unidade de tempo e espaço o fator responsável pela demarcação de um limite intransponível a tudo o que escapa das bordas da homogeneidade.

Que limite é esse?

Quando a escola concentra sobre o docente a tarefa de encontrar uma estratégia para ajustar o passo de quem é incluído ao compasso dos demais, em pouco tempo (e nossos cadernos de campo têm inúmeros exemplos) o professor se sente obrigado a oferecer uma atividade paralela para esse aluno ou, pior, assume a perspectiva de que apartá-lo seria um gesto em defesa de seus próprios interesses em consideração às suas dificuldades.

O primeiro sintoma de esvaziamento do processo de inclusão pode ser reconhecido quando os responsáveis pelo trabalho escolar consideram que aquele que está estaria melhor se não estivesse.

Trata-se do primeiro movimento para que os espaços escolares passem a ter territórios próprios para o trânsito de quem está, mas não pode atrapalhar.

Quando me refiro a territórios internos não estou aludindo às experiências de segregação física. Estou me referindo a um lugar decorrente da forma de ser visto e de se ver em meio aos demais.

Para citar um exemplo concreto, por vezes nos deparamos com crianças que num mesmo dia consumiam dois ou três lápis, às vezes mais.

Eram crianças que estavam diante do intenso envolvimento da turma com a tarefa posta pelo professor e que, naquela cena, não conseguiam ser sequer atores coadjuvantes. Perdiam completamente a conectividade.

A cena passa a se repetir todos os dias. A criança se levanta, vai ao local onde se encontra a lixeira a aponta seu lápis. Faz isso inúmeras vezes desde que percebeu que apontando o lápis não fica "desocupada".

Essa faixa de deslocamento entre sua cadeira e a lixeira é um território seu, de movimentação livre, conquanto que desconectada dos demais.

A repetição diária dessa situação converteu cada um desses meninos em "apontadores de lápis". O que também chamou a atenção foi que, em pouco tempo, quando determinados contextos ampliavam o desafio de conter a agitação da turma em benefício da tarefa a ser feita, se escutava o professor propondo: "— Espero um pouco. Por que você não aponta seu lápis enquanto eu atendo os outros?"

Enquanto cenário, a sala de aula tem uma característica singular. A forma adquirida pela educação pressupõe grupos homogêneos e o trabalho é feito com base nesse pressuposto, mesmo quando o grupo de crianças envolvido não corresponde a essa expectativa.

O diálogo com professores que protagonizavam a experiência de receber em sua turma alunos considerados "de inclusão" muitas vezes demonstrou com clareza o desequilíbrio entre a força da forma e a fragilidade da pessoa.

Esse desequilíbrio se materializava cada vez que uma palavra emblemática era pronunciada: avaliação.

Persistentemente o seguinte prognóstico se apresenta: "— Ele está indo, mas quando chegar a avaliação, não sei não...".

Os horizontes e possibilidades do aluno considerado incluído pareciam ter existência autônoma e ação independente em relação ao planejamento do trabalho docente: "— Quero ver o que vai acontecer quando a avaliação chegar...".

Parece que a criança, nessa situação, tem um visto de permanência cuja validade expira com a chegada das notas abaixo da média.

Essa forma de aguardar os períodos e processos de avaliação gera uma fantasmagoria. Ou seja, demonstra que a avaliação é entendida como se fosse um corpo estranho ao processo pedagógico, instrumento externo necessário para demonstrar quem, de fato, está conectado ou não.

Conectado a quê? Ao conteúdo, ao fio da meada.

Aguarda-se a chegada da avaliação como se ela andasse por moto próprio e pudesse, ao chegar, confirmar com seus números a presença de um "corpo estranho" e verificar se a pessoa incluída está dentro ou não.

Ainda que qualquer aluno possa viver a experiência do insucesso nos processos de avaliação, os que são identificados com a inclusão muitas vezes têm no resultado um ponto de chegada e de finalização às expectativas de escolarização que seus familiares nutriram por um breve momento.

Os processos de avaliação ensejam diferentes experiências de insucesso e, por isso, não há como reduzir as dificuldades de quem se vê no papel de incluído aos resultados insatisfatórios obtidos nesses processos.

A questão é mais complexa.

No fundo, o que se percebe é a estabilidade que goza a representação da avaliação como verificadora da assimilação de conteúdos disciplinares. Ou seja, como se a avaliação, independentemente dos critérios de elaboração utilizados, fosse parte natural de um processo técnico compartimentado em que provas quantificam o quanto da matéria está assimilado.

Luckesi (2011) argumenta de forma brilhante que a avaliação é indissociável do ato pedagógico. Ou seja, a avaliação não é um ente separado que chega para verificar o quanto de matemática ou geografia entrou na cabeça da criança naquele bimestre. A avaliação não deve se restringir à aferição quantitativa de informações retidas.

O dia a dia demonstra que nem sempre está em questão a escolarização da criança incluída. Para usar uma expressão colhida no cotidiano escolar, algumas são "cartas fora do baralho".

Nesse sentido, emerge uma situação paradoxal na qual a escola demonstra não saber o que fazer com todas as personagens que adentraram seus domínios.

Prossigo desdobrando o argumento de Canclini (2009) para tirar de seu texto algumas chaves para a leitura do tema inclusão a partir do ponto de vista de quem é incluído.

Para além da indagação antropológica que questiona o que nos homogeneíza, ele se recorda das contribuições sociológicas que nos estimulam a desvelar tudo aquilo que aumenta a disparidade entre pessoas e situações.

A situação de quem está na escola a despeito de sua surdez, ou deficiência motora ou qualquer outra limitação torna-se desvantajosa no cenário em que todos são chamados a cumprir com os mesmos pré-requisitos as mesmas tarefas, com o mesmo tempo de execução.

Em nossa sociedade, a noção de deficiência deve ser relativizada porque, ao contrário do que parece ser, não se trata em primeiro plano de um atributo pessoal que alguns têm, mas trata-se sim da expressão da desvantagem que cada situação constrói para um corpo em relação a outro em dada circunstância.

Independentemente das distâncias promovidas pelas estratificações econômicas de nossa sociedade, é sempre um grande desafio ser aceito.

Não é fácil adaptar-se às dinâmicas institucionais quando os cenários não cessam de reiterar que o caráter monolítico das tarefas torna um corpo deficiente em relação a outro eficiente na execução do que está previsto.

Numa perspectiva relacional, o cenário e a circunstância geram a deficiência como contraface da eficiência.

As assimetrias econômicas a que as pessoas estão sujeitas intensificam as desvantagens pessoais dos que vivem a experiência da inclusão.

Utilizando uma expressão nascida nos estudos sobre redes sociais, segregação e pobreza, pode-se reconhecer que muitos estratos populacionais convivem com baixos "estoques de amenidades" (cf. Marques, 2010).

Essa expressão se refere ao lado penoso do cotidiano sujeito aos grandes deslocamentos urbanos, aos serviços públicos deficitários e à ausência quase completa de opções de lazer.

A universidade em que trabalho atende a crianças surdas cujas mães vêm de locais muito distantes da metrópole. Isso significa que uma criança atendida ao início da manhã foi acordada no meio da noite para deslocar-se ao local de atendimento.

Isso significa concretamente viver em permanente estado de exaustão.

São exemplos de desvantagens que se acumulam e diante das quais os processos de escolarização revelam pouca ou nenhuma margem de adaptação.

O tema inclusão é também refém de outro desequilíbrio. Há muito mais empenho e diligência para resolver problemas de acessibilidade ou para discutir estratégias de reabilitação do que para enfrentar o fato que incluir demanda refazer a arte de escolarizar.

A escolarização nos moldes como praticamos dificulta a inclusão, porque a centralidade que os conteúdos têm em relação às pessoas favorece que as análises sobre desempenho encontrem na psicologia das diferenças individuais respostas que parecem espelhar o cotidiano da sala de aula.

Deve ficar claro que escolarização está relacionada também a desempenho e à verificação de níveis de assimilação, não estou negando isso.

Porém, as dinâmicas de avaliação são usualmente objeto de considerações que fragmentam a análise, dificultando a apreensão das causas de determinados problemas.

Os chamados déficits de desempenho incidem, em primeiro plano, sobre o aluno, para o que são dedicados muitos esforços visando explicitar as particularidades orgânicas, neurológicas e motoras daquele que não obtém sucesso nas avaliações escolares.

Também são constantes as referências ao professor cujo suposto despreparo costuma ser indicado como fonte da inépcia da escola pública, sem contar as alusões à obsolescência dos métodos que praticamos, igualmente indicados como responsáveis pelo chamado descompasso entre escola e realidade.

Se a fragmentação e a superficialidade nas formas de abordar o desempenho acarretam problemas consideráveis para todos os protagonistas da vida escolar, as crianças e adolescentes que são objeto das estratégias de inclusão sofrem efeitos ainda mais deletérios.

Alunos, professores e métodos são abordados como se fossem entes desconectados.

Em relação aos alunos de forma geral, mas principalmente em relação àqueles que são atores dos processos de inclusão, incide ainda outro problema que não pode ser desconsiderado.

Refiro-me à cisão que separa os que estudam o funcionamento do corpo daqueles que estudam os efeitos da sociedade sobre o comportamento.

Presenciamos nos últimos anos o avanço significativo no número de estudos neurológicos que se ocuparam com a vida escolar de crianças e adolescentes.

O cérebro tornou-se uma nova personagem para a qual se tem dedicado atenção constante e do qual se espera a resposta definitiva sobre o que fazer com a educação após desvendarmos a estrutura secreta da cognição.

Os estudos de Damásio (2011) são exemplares da presença de um novo e promissor campo de intersecção entre cientistas e educadores, e suas obras, brilhantes e inovadoras, sinalizam o quanto podemos avançar à medida que as particularidades do corpo sejam conhecidas e, principalmente, dominadas.

A despeito do justo encantamento que essas obras provocam é necessário lembrar, porém, que a dinâmica de insucessos que a organização da escola provoca tem sido associada ao "desvendamento" das particularidades do corpo desde o final do século XIX.

Infelizmente, nada parece sugerir que a escola será menos excludente para com alguns se os mistérios do cérebro forem elucidados.

A diferença temática do atual momento nos convida a conhecer o cérebro como sofisticado objeto de estudo. Mas mesmo o cérebro, como em geral quase todas as vísceras e a anatomia como um todo, já foram representados como redutos da esperança de que, uma vez dominado o corpo, o intelecto finalmente progrediria.

Trata-se de uma questão que permeia nossa representação de escola como provedora de saberes prontos. Ou seja, toma-se a cognição como matéria orgânica que temos e que precisa ser desvendada. Tomam-se os saberes curriculares como prontos e que precisam ser assimilados.

Naturalizando o que não é natural, julgamos ser suficiente aferir os níveis de cognição para que possamos indicar o quanto daqueles "saberes prontos" cada um é capaz de assimilar.

Essa forma de conduzir minha argumentação não é bem--vinda em todos os espaços acadêmicos.

No exterior, as objeções a esse tipo de consideração são mais claras e contundentes.

Pinker (2010) insurgiu-se contra aquilo que considerou ser a negação contemporânea da natureza humana, argumentando contra os que, em sua opinião, insistem em fazer das atividades humanas algo derivado dos contextos, ignorando a força da genética na configuração de cada um em particular e da sociedade como emaranhado de indivíduos.

Este não é o local de polemizar com o autor.

Quero, com esses exemplos, apenas demonstrar que estamos sempre girando ao redor daqueles que nos explicam o que é corpo e estes, por sua vez, se batem contra aqueles que consideram ser irrelevantes as particularidades de cada um.

De minha parte, concordo que ser crítico em relação ao uso excessivo das explicações pautadas na genética não deve ser pretexto para deduzir que todo olhar clínico sobre o corpo é de natureza medicalizante ou disciplinadora.

Mas esse debate é parte de um todo a ser analisado, evitando reiterar fragmentações.

Como afirmei anteriormente, o professor se vê à mercê de situações nas quais ele é representado como deficiente diante de uma engrenagem que supostamente funcionaria se ele fosse mais bem preparado.

Chega a ser insultuoso esse argumento, considerando sua fragilidade e levando em conta o reducionismo implícito na identificação desse "culpado". Porém, é forçoso reconhecer que esse argumento tem prestígio social e conta com um fator agravante, que é a prática de recompensar financeiramente os professores que produzem melhores índices de aprovação.

No momento em que um bônus por desempenho é pago, soma-se uma frágil noção de preparo com uma distorcida noção de dedicação.

Quanto vale, em bônus, a escolarização de um aluno trazido para dentro da escola sob a cura da inclusão?

O fato é que a criança e o adolescente que adentram o espaço escolar se deparam com territórios articulados para que a execução de tarefas se efetive com base numa representação de aluno que eles não são, pois se fossem não seriam protagonistas de experiências de inclusão.

Incluir, de fato, exigirá enfrentar essa questão.

Nesse sentido, nos últimos anos, a produção acadêmica que se ocupou com o tema da surdez, relacionando-o ao tema da cultura, contribuiu para que as barreiras presentes nesse território, e que são grandes obstáculos do ponto de vista daquele que destoa, pudessem ser percebidas também pelos que têm a escolarização de crianças e adolescentes como objeto de pesquisa.

Estudos como os de Assis Silva (2012), Lopes (2012), Lulkin (2010), Magnani (2012), Perlin (2012) e Skliar (2012) nos ajudam a reconhecer aspectos do cotidiano de pessoas surdas que não podem, a meu ver, permanecer à margem dos debates sobre inclusão escolar.

Muitos, dentre esses autores, se valem da percepção de que temos uma "cultura surda" em nossa sociedade. Trata-se, é claro, de uma expressão polêmica que suscita densos debates. Mas tais debates não serão trazidos a este trabalho, pois desviariam o foco da discussão que está em curso neste livro.

O que me interessa chamar a atenção é a contribuição oferecida por esse rico e inovador acervo de leituras sobre a surdez para que possamos, juntos, perceber melhor dois aspectos relacionados à vulnerabilidade de quem se vê na condição de ter que se adaptar aos territórios e às práticas escolares tal como elas se dão cotidianamente.

A primeira questão a ser reconhecida é que, ao menos hipoteticamente, a inclusão dos chamados deficientes auditivos, ou surdos propriamente ditos, abre espaço para a presença de um novo idioma no território escolar, cuja presença pode ensejar a demarcação de outro subterritório que diz respeito ao espaço ocupado pelos que se comunicam com a língua de sinais.

Historicamente, a experiência escolar tem sido um processo de expurgo de dialetos.

A aprendizagem de uma língua materna e mesmo o aprendizado de outro idioma na escola se dão por dentro da forma adquirida pela educação quando praticada na escola. Ou seja, trata-se de um aprendizado que se move de dentro do currículo para as molduras da escrituração, da visualização e da audibilidade dos alunos. E esse movimento nunca se dá em sentido inverso, ou seja, da experiência social dos alunos para tudo o que define a ação da escola "como escola".

Se uma escola brasileira ensina, por exemplo, português, inglês, alemão e espanhol, isso não quer dizer que seus alunos coreanos possam falar o idioma natal entre si.

É compreensível e até mesmo necessário que assim seja, sendo a escola o que é. Sem a unificação dos processos de comunicação, a instituição se deslocaria do sentido histórico que demos a ela. Não seria a escola, simplesmente.

A questão é essa: no sentido histórico que a escola adquiriu, que foi o da multiplicação da educação formal mediante a concatenação de tarefas sincrônicas, não havia espaço para a inclusão tal como a pensamos neste momento.

Portanto, dentro da atual estrutura escolar, a língua de sinais tende a ser um idioma praticado naquela mesma faixa territorial percorrida pelos meninos apontadores de lápis. Em outras palavras, para os que se comunicam com ela, seu uso tende a tornar-se expressão da conexão que os surdos mantêm entre si e não de conexão em relação aos demais.

Na estrutura que temos, o dialetismo é expressão de crise no trabalho escolar, não de interação.

Por isso há um segundo aspecto a reter da contribuição dos autores mencionados anteriormente como renovadores dos estudos sobre a surdez.

Esses escritos nos lembram de que crianças e adolescentes surdos têm uma experiência visual de espaço, completamente visual.

A atuação do professor nos cenários escolares torna as interações desses territórios fundamentalmente sonoras. Do ponto de vista de quem chega desprovido da audição, esse é mais um limite intransponível, a não ser que mudanças estruturais sejam levadas a efeito.

Os autores mencionados nos convidam a abrir mão da noção de deficiência em prol da noção de diferença quando quisermos pensar na situação das pessoas identificadas com a surdez e, de certa forma, com as deficiências em geral.

À medida que o trabalho educacional se realiza nos parâmetros da forma escolar, as experiências de insucesso vão configurando junto às demais crianças a percepção de que a diferença do outro é a sua deficiência, assim, o esforço antropológico de resgatar a essência da alteridade se vê esvaziado pela essência da forma de fazer educação institucionalmente. A deficiência se reduz unicamente à condição de atributo pessoal, gerando a ilusão de que o cenário não tem nada a ver com as ações dos atores entre si.

Mas um aspecto importantíssimo deve ser destacado.

A presença desses atores dentro da escola resulta de significativas lutas da sociedade em prol do reconhecimento e da garantia de direitos universais sem exceção.

Por isso, ao mesmo tempo que se torna necessário reconhecer que a estrutura da escola precisa, de fato, mudar para incluir, também é necessário reconhecer que a presença dessas crianças e adolescentes, ainda que sejam permanentemente empurrados para fora, é uma presença que qualifica e transforma para melhor o relacionamento entre todos os protagonistas do cotidiano escolar.

Assim, as dificuldades em relação à participação nas cerimônias de aquisição de conteúdos não devem ser utilizadas para apagar os esforços interacionais que são realizados a todo momento.

Volto ao excerto de Canclini (2009) para encerrar essa reflexão sob o ponto de vista de quem adentra os territórios da fala, da sincronia e da avaliação dissociada do ato pedagógico. Vulnerabilidade é a marca de uma situação na qual o que se tem de mais frágil é potencializado.

Tudo isso não deve impedir que se reconheça na presença dessas crianças e adolescentes a participação nos processos de negociação e conflito que compõem o tecido no qual são, metaforicamente, os fios de tudo o que é entretecido. Ou seja, nos falamos e agimos como se elas não estivessem, mas estão.

Dentro da escola, todos os atores promovem empréstimos recíprocos, o que faz com que cada um sempre ajude a amassar a massa da argila que dá corpo às relações humanas dentro das instituições. Cada um retira do outro um pouco do que compõe a si mesmo.

O campo da comunicação se revela, assim, essencial para os estudos sobre inclusão, especialmente aqueles voltados para o reconhecimento da presença de quem foi incluído. Conexão, negociação, empréstimos e conflitos podem ser palavras-chave de uma renovação que deve abranger, inclusive, as práticas de investigação dos que têm a criança e a adolescência como objeto de estudo.

2
A construção social de deficiências e a desconstrução das interações inclusivas

O aluno incluído: representações da escola, comunidade e comensalidade

A escola faz parte do imaginário social como casa da eficiência e fortaleza do futuro.

Tratar do imaginário como configurador da escola quando se trabalha na formação de professores ou na dinâmica de preparação de pesquisadores é sempre um desafio.

Nesse sentido, um dos temas mais complexos para tratar com alunos de graduação e de pós-graduação é o tema das representações sociais.

A escola é um dos exemplos mais significativos daquilo que Berger e Luckmann (2010) denominaram construção social da realidade, argumento que foi, em certo sentido, reforçado por Giddens (2009).

Estou me referindo a autores e obras que nos ajudam a compreender como fabricamos vários aspectos da vida social que incidem sobre nós como se fossem isentos de tudo o que pensamos sobre esses aspectos.

Todavia, e os estudos de Collins (2012) podem ser somados aos mencionados anteriormente, a escola é um aspecto da vida social e não pode ser compreendida plenamente se não considerarmos como parte de sua estrutura o que dela se espera. Em outras palavras, os tijolos imaginários são tão responsáveis pela edificação da escola quanto o traçado inconfundível de seus territórios internos.

Para tornar a argumentação um pouco mais didática, proponho um exemplo prosaico.

Imaginemos que estamos numa sala de aula. Estamos atentamente ouvindo a explanação do professor quando, subitamente, alguém pede licença para interromper e anuncia:

— Professor, desculpe atrapalhar, mas é que ocorreu uma tragédia em frente à escola.

Antes mesmo que qualquer esclarecimento se apresente, antes que os detalhes sejam revelados, uma grande apreensão toca a todos os presentes.

Embora cada um dos presentes tenha experiências individuais diferenciadas, historicamente todos ali têm também experiências em comum, mesmo que não tenham compartilhado os mesmos espaços sociais e institucionais no transcorrer da vida.

Nas teias semânticas, imagéticas, simbólicas e comportamentais das quais participamos, encontramos camadas de significação que nos permitem ouvir palavras como "tragédia" e compartilhar do sentido que essa palavra adquire antes mesmo de receber esclarecimentos sobre a natureza dos acontecimentos definidos como trágicos.

Ainda que faltem detalhes sobre a tragédia à porta da escola, imediatamente se instala entre os que receberam a notícia um campo de expectativas comum que admite alguns sentidos para a informação e imediatamente expurga outros.

Por exemplo, se a sequência dos fatos confirmar uma morte, um desabamento, um ato de violência, todos terão no detalhamento a confirmação da primeira expectativa que tiveram quando receberam o anúncio da tragédia.

Por outro lado, se o detalhamento informar um acontecimento desprovido de qualquer gravidade, a reação será imediata rechaçando, em primeiro lugar, o uso indevido da palavra tragédia:

— Da forma como você falou, pensamos que algo horrível tivesse acontecido, mas não foi "uma tragédia", que exagero!

Sem qualquer arranjo prévio, foi possível perceber que os acontecimentos relacionados à tragédia são representações da morte, da dor, da perda, do medo, enfim, não é admissível que alguém anuncie uma tragédia sem que isso signifique um anúncio da comoção individual e coletiva.

Antes mesmo que qualquer um dos presentes pudesse reagir, todos partilhavam representações coletivas do acontecimento que estava ainda por ser esclarecido.

Assim, o fato não existe socialmente sem uma dinâmica de construção na qual se somam concretude e imaginação, sendo, às vezes, impossível delimitar claramente as fronteiras entre uma e outra.

Dessa forma, toda vez em que se usa a palavra escola são acionadas expectativas direta ou indiretamente relacionadas à construção social do sentido que escolarização tem entre nós.

A escola é considerada eficiente quando consegue comprovar que seus alunos demonstraram proficiência nos conteúdos compatíveis com o momento no qual foram avaliados.

Até o presente momento, não foram desenvolvidos processos que possam demonstrar o quanto uma escola foi "produtiva porque incluiu". Ao contrário, já temos números interessados em demonstrar que a inclusão pode diminuir a produtividade da escola (cf. Mecena, 2011).

As representações da produtividade escolar não mobilizam expectativas de eficiência quando são mencionadas pequenas vitórias da pessoa sobre as tarefas, progressões lentas e microscópicas, aquisições de conteúdo descompassadas em relação aos demais.

Tais acontecimentos são, ao contrário, exemplos consolidados da ineficiência, ou seja, indicativos de que em relação a alguns alunos a escola não tem conseguido agir com a eficiência que dela se espera.

A perspectiva de quem é considerado deficiente está na maior parte do tempo conectada à face ineficiente da escola.

Essa é uma situação que se modifica poucas vezes, e os eventuais deslocamentos que essa perspectiva conhece costumam ser associados ao campo da educação física ou, mais especificamente, às oportunidades de participar de competições esportivas.

A presença do corpo limitado, mutilado, deformado no cotidiano escolar é associada à eficiência nas raras situações em que o imaginário social reconhece um prodígio.

O prodígio tem despontado recentemente com a multiplicação de atividades esportivas paralelas às competições oficiais, nas quais exemplos de superação de limitações são associados à vitória da pessoa contra seu corpo.

Porém, essas situações, que com justa razão mobilizam o júbilo popular pela comoção que proporcionam, são também exemplos da naturalização do sucesso ainda como perspectiva da identificação dos mais velozes entre os mais lentos, dos que adquiriram destreza em contraposição aos que permaneceram na imperícia e ficaram circunscritos ao próprio corpo em sua (de)formação.

Essa é uma situação que nos convida a examinar de perto algumas palavras que têm presença constante no processo de circulação e apropriação de imagens sobre a escola e suas personagens, entre as quais, agora, os alunos considerados incluídos.

As representações do sucesso escolar e dos desempenhos individuais considerados bem-sucedidos têm conexões imagéticas com as responsabilidades sociais relacionadas ao futuro do país, ao incremento das profissões e à rede laboral diante da qual todo aluno um dia é chamado a manifestar-se.

As representações do insucesso, por sua vez, trazem em seu bojo conexões com redes de opinião que têm palavras-chave para indicar agentes considerados decisivos para superar a situação de insucesso ou fundamentais para recrudescê-la.

Uma dessas palavras-chave é comunidade.

Teixeira (2003) demonstrou o uso indiscriminado da ideia de comunidade no universo escolar e nas narrativas governamentais que se dispunham, na ocasião de sua análise, a fomentar a democratização da escola.

Em muitos documentos analisados pela autora, democratização da escola pouco ou nada tinha a ver com a reorganização de sua estrutura ou com interrogar a lógica de sua governança institucional.

Democratização despontava como oportunidade de a comunidade assumir a conservação das instalações escolares como obrigação tão sua quanto dos poderes instituídos.

Para além disso, a autora encontrou sentidos os mais diversos e contraditórios no uso da palavra. Comunidade é mencionada nos mais variados documentos escolares para formular antídotos contra a violência, para chamar a responsabilidade cívica dos que convivem com a escola no bairro e para abrir espaço à diversidade.

Comunidade tornou-se uma das palavras-chave dos Parâmetros Curriculares Nacionais (PCNs) e, em termos ideais, a presença marcante dessa palavra no léxico dos PCNs queria lembrar que

[...] A noção de comunidade resgata um de seus elementos, que é o compartilhamento de objetivos e valores comuns. E isso pode representar uma qualidade de participação na escola em que todos os assuntos sejam de fato debatidos por todos; tudo que acontece na escola — especialmente o processo pedagógico propriamente dito — deixa de ser saber dominado por especialistas e passa às mãos de todos que utilizam a escola ou virão a utilizá-la pelo caráter social que tem (Teixeira, 2003, p. 60).

Publicamente, me posiciono como defensor da aproximação entre escola e comunidade. Estou entre aqueles que se deixou convencer de que as estratégias comunitárias têm potencial extraordinariamente positivo para a renovação do modo de entender a escola e seu lugar entre nós. Não descreio da palavra, nem considero esgotado o potencial emancipador acumulado no uso que os movimentos por educação popular fizeram da palavra nas décadas de 1950 e 1960, no Brasil.

Se me ocupo ainda com a defesa das propostas de incentivo aos poderes locais; se me mantenho convencido de que comunidade é muito mais do que uma referência vaga ao entorno da escola, me apresento também ao lado dos que denunciam a manipulação da palavra e o esvaziamento de seu conteúdo político mais denso.

Silva (2005) deu continuidade ao estudo sobre o tema e demonstrou o quanto a palavra comunidade tem sido utilizada para apagar diferenças e escamotear conflitos em prol de um suposto ente comum — a comunidade — que, na prática, é construído no bojo dos discursos que apontam como solução para os problemas sociais mais dramáticos simplesmente a convocação ao trabalho voluntário traduzido inequivocamente nos apelos para que a comunidade faça sua parte.

Historicamente, comunidade é uma palavra das mais ricas que produzimos e que tem sido esvaziada permanentemente nos modos de uso e apropriação aos quais tem sido submetida. O seu esvaziamento toca diretamente no cerne de muitos problemas relacionados ao tema da inclusão escolar.

Provavelmente, a palavra comunidade é tão vilipendiada porque nela está uma das forças mais aptas a enfrentar a ordenação do mundo e de suas instituições tão naturalizadas nas falas, que dão o mundo como pronto.

A maior parte das famílias que contam com a presença de crianças ou adolescentes deficientes expressa continuamente o desejo de opinar sobre o "funcionamento" de tudo. Sentem-se (e estão) aptas a oferecer subsídios para que se perceba o que na máquina do mundo produz sofrimentos e desgastes junto àqueles que têm quaisquer limitações.

A noção de comunidade que poderia tornar indispensável a manifestação de todas essas pessoas, ao ser usada como tem sido na escola, assume distância abissal dessas vozes e expectativas.

O tema da inclusão e a presença de crianças e adolescentes que foram incluídos na última década dentro da escola poderiam se beneficiar dos frutos que a ressignificação da palavra comunidade tem a oferecer para todos nós.

Não encontramos nos materiais escolares, nos seus materiais didáticos, nos seus impressos, na sua materialidade, enfim, referências amplas à presença dos alunos que foram "passados para dentro" pelas mobilizações nacionais e internacionais em prol da inclusão e do acesso universal ao direito à educação escolar.

Ou seja, não nos deparamos com referências pedagógicas propriamente ditas quando o tema toca aquela parte da comunidade que insistiu para que a escola dissesse respeito a todos os seus.

Quantas vezes nos deparamos com deficientes tratados como efetivamente presentes e demandantes legítimos de direitos educacionais nos livros que nossos filhos utilizam?

Essa lacuna temática é também expressão de distância entre escola e comunidade. Dentro e fora da escola predomina a visão de que deficiências, déficits e limitações de toda ordem são problemas pessoais concernentes às famílias, e a situação concreta de cada um fica a distância daquilo que representamos como preocupação de todos.

Muito embora a palavra comunidade seja utilizada com inegável constância, a visão predominante que temos da escola é a da instituição apartada do cotidiano, que recolhe crianças e adolescentes durante boa parte do dia para que as rotinas da produtividade não sejam interrompidas.

Depoimentos colhidos em pesquisa de campo demonstram o quanto essa palavra essencial tem sido, ela mesma, mutilada.

Presenciei a situação na qual pais se queixam da presença de uma criança deficiente na sala de aula de seus filhos.

Indagavam sem meias palavras:

— A professora terá tempo para cuidar dos demais?

A gestão da escola se pronunciava:

— Essa é uma questão que diz respeito à comunidade como um todo. Estamos num novo tempo.

A resposta diz muito:

— Não me interessa a comunidade, a escola não pode deixar de ser escola.

A desconsideração para com a referência à comunidade deriva de uma situação concreta, decorrente do fato de que na maior parte das realidades urbanas as relações interpessoais estão fragmentadas e a aproximação entre vizinhos é cada vez mais esporádica. Levando em consideração a sociedade que alimentamos, aqueles pais têm coerência, a escola não pode deixar de ser escola.

O problema é que essa forma de pensar entra em forte contradição com o movimento que nós empreendemos como sociedade civil que buscou até conseguir transformar em direito os processos de inclusão.

Uma contrametáfora poderia ser trazida a esse cenário.

A relação entre os protagonistas do cotidiano escolar poderia ser pensada como uma relação de comensalidade, na qual todos se sabem e se sentem participantes diários da mesa do conhecimento.

Comensais abertos à chegada permanente de outros não tão frequentes, mas conectados, poderiam provar daquilo que as mesas têm de mais significativo, que é a possibilidade da escuta ativa.

A escuta ativa é aquela em que todos escutam a todos, e do exercício de ouvir silenciosa e atentamente retiram elementos constituidores e modificadores das próprias respostas.

Nos dias que seguem, temos realizado o contrário da escuta ativa que é o emudecimento. Emudecer as relações entre escola e comunidade significa chamar pessoas isoladamente para falar de problemas que "estouraram" no cotidiano e que exigem providências disciplinadoras.

A presença de crianças e adolescentes incluídos tem sido vivenciada em muitas escolas como se fosse um dispositivo que estourou, diante do que todos correm para tomar providências, nem sempre com clareza sobre como agir.

O aluno incluído: saberes escolares, apetrechamento e amanualidade. (Interações inclusivas, avaliação e permanência)

Charlot (2000) cunhou o conceito de relações com o saber, questionando de forma aguda a naturalidade com a qual indicamos como deficiências as características dos que não conseguem aprender.

A análise do autor tem inúmeros méritos. Entre eles, é importante perceber que a chamada deficiência, tal como a construímos, é um processo através do qual alguém perde, antes de tudo, a condição de sujeito (cf. Charlot, 2000, p. 30-1). Perde como, perde onde? A condição de sujeito é perdida em primeiro plano no cerne de nossa própria análise como educadores, pois muitas vezes o consideramos simplesmente como produto derivado de uma causa debilitante. Essa causa pode ser seu corpo, suas doenças e, no caso que mais interessa ao autor, sua origem familiar.

Sim, o autor nos lembra de que as camadas populares são, via de regra, identificadas como "portadoras" de deficiências que repercutem no considerado "inevitável" fracasso de seus filhos.

Na escola, deficiência é uma metáfora da reelaboração. Isso quer dizer que, no seu uso, temos uma palavra que recebe interminavelmente acréscimos de significado uma vez que a instituição está sempre disposta a "provar" que alguns não estão aptos a permanecer nos seus domínios.

O autor se ocupa com a situação específica das crianças dos meios populares, cujas deficiências são deduzidas da posição social de cada um, forjando-se situações em que para alguns se torna impossível não ser deficiente.

Sempre fiz questão de frisar que inclusão diz respeito em primeiro lugar às assimetrias sociais e, por isso, antes de tudo, como tratei em estudo anterior, faço questão de pontuar que a criança pobre tem sido tratada como aluno-problema por excelência (cf. Freitas, 2011).

Mesmo sendo, por assim dizer, específica a preocupação de Charlot, não quero perder a oportunidade de trazer a este livro um pouco de sua rica reflexão e estendê-la, ainda que *en passant*, e aproveitar a riqueza dessa obra para tratar do tema inclusão como um todo, extrapolando-o em direção à multiplicidade de deficiências que são produzidas nos territórios escolares.

Em meio a tantas possibilidades que o autor oferece, a citação de um trecho me parece fundamental para o que será discutido a seguir:

> Aprender pode ser também dominar uma atividade, ou capacitar-se a utilizar um objeto de forma pertinente. Não é mais passar da não posse à posse de um objeto (o "saber"), mas, sim, do não domínio ao domínio de uma atividade. Esse domínio se inscreve no corpo. O sujeito epistêmico é, então, o sujeito encarnado em um corpo, entendendo-se por isso, no caso, não um sistema de órgãos distinto da "alma", mas, sim, o corpo tal como foi definido por Merleau-Ponty. O corpo é o lugar de apropriação do mundo, um conjunto de significações vivenciadas, um sistema de ações em direção ao mundo, aberto às situações reais, mas, também, virtuais. O corpo é o sujeito enquanto engajado no movimento da existência, enquanto "habitante do espaço e do tempo" [...]. Existe, de fato, um Eu, nessa relação epistêmica com o aprender, mas não é o Eu reflexivo que abre um universo de saberes-objetos, é um Eu imerso em dada situação, um Eu que é corpo, percepções, sistema de atos em um mundo correlato de seus atos [...]. Assim, chamamos imbricação do Eu na situação o processo epistêmico em que o aprender é o domínio de uma atividade engajada no mundo (Charlot, 2000, p. 69).

Cada um experimenta o mundo por dentro da experiência do próprio corpo. O corpo de cada criança na escola não é somente um reduto orgânico compreensível com as bases conceituais da fisiologia e da anatomia.

Cada criança traz para dentro da escola uma experiência de lidar com o mundo. Traz em seu próprio corpo aquilo que Mauss chamou de técnicas, ou seja, mostra em gestos a incorporação de estratégias de "uso de si" que revelam que cada uma delas, à sua maneira, é parte de um lugar, num determinado tempo (cf. Mauss, 2003, p. 401-20).

Se o corpo é um lugar de apropriação do mundo, como salienta Charlot apoiado em Merleau-Ponty, independentemente da forma como cada um mergulha em cada situação para aprender, as narrativas da presença de corpos debilitados, limitados e deficientes dentro da escola demonstram o quanto pode ser difícil para alguns permanecer nos territórios escolares.

Os saberes escolares têm apetrechos próprios que dão visibilidade às ideias. Na forma como reagimos às particularidades de cada um, deixamos subentendido que o trabalho escolar só se efetivará para alguns se a instituição receber os aparatos tecnológicos necessários para que a deficiência em questão deixe de surtir seus efeitos.

Deixo claro que tecnologia é muito bem-vinda, mas o compromisso da escola com os conteúdos é tão superior ao compromisso com as pessoas, que a própria palavra tecnologia acaba sendo apropriada de maneira indevida.

Explico.

Muitas vezes, consideramos que a inclusão "completa" de uma criança deficiente é aquela na qual apetrechos assumem o lugar de olhos, ouvidos, pernas, braços e até de parte do cérebro.

Defendo sem receios a implantação de dispositivos que ajudem a recuperar audição, visão, mobilidade, enfim, defendo colocar a serviço do homem a maquinaria do mundo.

Porém, é necessário reconhecer que na forma como reagimos às possibilidades dos apetrechos demonstramos que temos uma noção de trabalho escolar pouco ou quase nada disposta a modificar-se. O que fazemos é transferir para a tecnologia a responsabilidade última sobre o processo de inclusão.

No limite, chegamos à conclusão de que alguns processos não se efetivam por falta de aparelhamento, pela ausência de apetrechos. Se isso em alguns casos pode ser verdadeiro, como regra geral não é.

Considero bastante duvidoso supor que todas as crianças cegas, surdas, mudas e com limitações de mobilidade seriam plenamente escolarizadas se todos, sem exceção, recebessem os apetrechos compatíveis com cada situação em particular.

Faria diferença, sem dúvida, mas ainda assim, cada uma dessas crianças se depararia com as dinâmicas de sincronização do tempo escolar, e logo todos saberiam da importância de manter um ritmo que desconsideraria aquilo que Charlot (2000) denominou "apropriação do mundo", provavelmente se perceberia perseguindo um passo e um compasso alheios ao seu modo de ser e estar.

Se por um instante deixarmos de lado situações bastante específicas nas quais as interações entre algumas crianças e o todo escolar é, de fato, praticamente inviável, na maioria das vezes poderemos reconhecer que produzimos um discurso sobre inclusão que se alimenta de uma promessa vã: eu lhe darei tudo, quando você deixar de ser o que é.

Essas considerações me estimulam a recuperar um conceito posto em circulação num dos momentos de maior fertilidade dos movimentos por educação popular, no Brasil, que foi o início da década de 1960.

Trata-se do conceito de *amanualidade* reelaborado no Brasil por Álvaro Vieira Pinto (1960), sobre o que já fiz algumas considerações (cf. Freitas, 1998 e 2006).

Amanualidade é um conceito que nasceu no âmbito do existencialismo europeu, mas que encontrou na obra de Vieira Pinto uma maneira de ser utilizado, levando em consideração a especificidade de locais como o Brasil.

Vieira Pinto explicava que cada pessoa manuseia o mundo, tem um mundo às mãos. Cada realidade possui certo "grau de amanualidade", ou seja, cada situação tem diferentes oportunidades, instrumentos, apetrechos e técnicas, e cada pessoa, assim, traduz a realidade usando o mundo, o "amanual do mundo".

O autor usa como exemplo a sede.

Entre o uso das mãos para levar água do rio à boca e o uso da cerâmica para fabricar um pote capaz de recolher a mesma água para saciar a mesma sede na mesma pessoa, aparece a diferença no grau de amanualidade entre um momento e o outro.

Com alguns recursos à mão, o homem manuseou a realidade de modo a acrescentar certa sofisticação e elaboração na sua forma de interagir com ela. O uso da cerâmica é um trabalho mais elaborado se comparado ao uso das mãos.

Porém, o que há de mais interessante no conceito de amanualidade é a percepção do autor de que, mesmo completamente desprovido de apetrechos, o homem sempre se vale de algum grau de amanualidade para interagir com o mundo. Cada um está no mundo, mesmo quando suas mãos estão vazias e seus recursos quase inexistem.

Em dada situação, seu agir pode permanecer em níveis mais rústicos e arcaicos, mas será sempre um processo de apropriação da realidade (cf. Freitas, 2005).

Por que lembrar aqui, neste trabalho sobre inclusão, o conceito de amanualidade?

Se o esforço analítico de Vieira Pinto se move no sentido de reconhecer que mesmo na situação mais adversa ainda assim a pessoa tem substantivas interações com a realidade, via de regra fazemos na escola exatamente o contrário.

Muitas crianças e adolescentes são recebidos como se estivessem desprovidos completamente de algo que é essência da pessoa, ou seja, sua condição de sujeito aprendente. São recebidos como se não fossem e não estivessem.

Resulta dessa forma de receber, desse modo de incluir, o deslocamento da criança da condição de deficiente para a condição de não pessoa.

Se a essas crianças aplicamos instrumentos avaliativos movidos por essa lógica interpretativa, na prática, estaremos avaliando apenas o quanto ela não é, o quanto ela não pode, o quanto ela não tem.

O processo de avaliação, nesse caso, chegará aonde já estava, em suma, concluirá que o avaliado tem muitas dificuldades a superar.

O processo de escolarização com um todo não é posto em questão nem com a dramaticidade dessas novas situações que estão a exigir novas posturas.

Usando ao contrário a afirmação de Luckesi (2011), nessas situações a avaliação da aprendizagem não pode ser mesmo componente do ato pedagógico.

O que é necessário fazer diante dessas situações não é, evidentemente, negar o caráter limitador das deficiências e dos déficits em geral.

É fundamental, assim, desequilibrar essa balança a favor das crianças e adolescentes que são incorporados (felizmente) à vida escolar por obra de nossos (ainda imaturos) processos de inclusão.

Nosso modo de fazer educação é permanentemente isento de responsabilidade na produção de insucessos escolares e de muitos processos de desadaptação que têm gerado novas personagens na galeria dos inadaptáveis.

Nesse sentido, a produção de inadaptáveis só tende a crescer.

Temo sinceramente pelo momento em que uma sociedade tão assimétrica quanto a nossa ponha em questão os benefícios de todas as estratégias de inclusão, à medida que se tornem mais presentes e mais sofisticados os mecanismos de comprovação dos déficits que circulam no cotidiano escolar.

Esse temor torna compreensível a veemência que alguns autores usam para apresentar suas objeções àquilo que tem sido chamado de "medicalização" dos processos educacionais (cf. Gualtieri e Lugli, 2012; Moysés, 1994).

Sem deixar de reconhecer a contribuição dos que têm pesquisado, por exemplo, os chamados transtornos e déficits de atenção, parece-me forçoso reconhecer que nos rituais de sincronia praticados em sala de aula é quase impossível não emergir a dispersão. Manifesta a dispersão, é mais difícil ainda se conectar novamente. Os transtornos são de quem?

Por isso, voltando à perspectiva histórica que informa a noção de forma escolar usada neste livro, é forçoso reconhecer que se deficiência e eficiência são mais produtos das interações escolares do que atributos pessoais, lentidão e dispersão são, igualmente, produtos inevitáveis de uma dinâmica que não é centrada nas pessoas.

Essas pessoas são conduzidas a processos de avaliação para que possam demonstrar a eficiência sistêmica da instituição que as está incluindo. Está mesmo?

Subsistem, nesse processo, distâncias abissais entre todas as partes envolvidas. Permanecer é um desafio considerável para muitos.

3
A internação e a não permanência

Em 1995, a Resolução número 41/95 do Conselho Nacional dos Direitos da Criança e do Adolescente (CONANDA) reconheceu o "direito a desfrutar de alguma forma de recreação, programas de educação para a saúde e acompanhamento do currículo escolar, durante sua permanência hospitalar" (cf. Brasil, 1995).

Essa Resolução e o Conselho Nacional que lhe deu origem são partes de um processo amplo, inaugurado com a Constituição de 1988, de consolidação dos direitos humanos como uma das razões de ser do ordenamento jurídico do Estado brasileiro. Nasceu de uma iniciativa da Secretaria de Direitos Humanos, e a responsabilidade da redação dessa Resolução ficou a cargo da Sociedade Brasileira de Pediatria.

Em 2002, a Secretaria de Educação Especial (SEE) do Ministério da Educação publicou o documento intitulado "Classe Hospitalar e Atendimento Pedagógico Domiciliar: Estratégias e Orientações".

Nesse Documento, o Ministério assim se manifesta a respeito dos vínculos entre a escola básica e o aluno gravemente enfermo:

Cumpre às classes hospitalares e ao atendimento pedagógico domiciliar elaborar estratégias e orientações para possibilitar o acompanhamento pedagógico-educacional do processo de desenvolvimento e construção do conhecimento de crianças, jovens e adultos matriculados ou não nos sistemas de ensino regular, no âmbito da educação básica e que se encontram impossibilitados de frequentar escola, temporária ou permanentemente, e garantir a manutenção do vínculo com as escolas por meio de um currículo flexibilizado e/ou adaptado, favorecendo seu ingresso, retorno ou adequada integração ao seu grupo escolar correspondente, como parte do direito de atenção integral (cf. Brasil, 2002, p. 13).

Quero me ater ao "acompanhamento do currículo escolar", mencionado na Resolução n. 41/95 e à "manutenção do vínculo com as escolas por meio de um currículo flexibilizado e/ou adaptado [...]", mencionado na diretriz da SEE.

Encontramos nesses fragmentos material suficiente para prosseguir a reflexão sobre inclusão, avaliação e permanência.

O convívio com crianças e adolescentes gravemente enfermos é uma das experiências mais desafiadoras para qualquer família. Obviamente não se trata de um desafio passível de ser apreendido somente na dimensão familiar da vida social. A menção à família, neste capítulo, decorre do conjunto de pesquisas sobre vulnerabilidades infantis que focaram especificamente o tripé família, hospital, escola.

Ambos os excertos apresentados anteriormente expressam avanços políticos diretamente ligados às representações da inclusão que circulam entre educadores desde a última década do século XX.

Porém, as situações concretas que envolvem a escolarização de crianças e adolescentes que se deparam com o adoecimento grave, para além da carga dramática que carregam, oferecem novos ângulos para o andamento da análise em curso neste livro.

Antes de seguir, quero recuperar uma manifestação de Susan Sontag sobre o uso corrente de metáforas para fazer referência às doenças:

> Por metáfora eu tinha em mente nada mais, nada menos que a definição mais antiga e sucinta que conheço, que é a de Aristóteles, em sua *Poética*. A metáfora, escreveu Aristóteles, consiste em dar a uma coisa o nome de outra. Dizer que uma coisa é ou parece outra que não ela mesma é uma operação mental tão antiga quanto a filosofia e a poesia, e é a origem da maioria dos tipos de saber — inclusive o científico — e de expressividade. [...] Sem dúvida, é impossível pensar sem metáforas. Mas isso não impede que haja algumas metáforas que seria bom evitar, ou tentar retirar de circulação. Do mesmo modo, não há dúvida de que pensar é sempre interpretar. O que não impede que às vezes devamos ser "contra" a interpretação (Sontag, 2007, p. 81).

É necessário buscar o cerne das situações que transformam o entretenimento em metáfora da escolarização quando crianças e adolescentes têm a experiência da internação ou do tratamento prolongados no tempo.

A escuta junto a muitas personagens do cotidiano hospitalar quando estamos no interior dessas instituições que mantêm crianças e adolescentes em processo de internação ou de tratamento contínuo revela que, para a maioria expressiva dos envolvidos, atividades escolares são bem-vindas porque são consideradas eficazes diante do objetivo primeiro que é o de mitigar a dor e atenuar os efeitos de uma rotina excruciante, que se tornou inevitável pela gravidade da doença.

A experiência de pesquisa sobre vulnerabilidades infantis tem demonstrado que o diagnóstico de doenças muito graves, como a leucemia, por exemplo, e o encaminhamento para procedimentos necessariamente contínuos, cumulativos e, acima de tudo, profundamente debilitantes, têm efeito tão devastador sobre as dinâmicas familiares que os cuidados com a vida escolar da criança são imediatamente colocados em segundo plano.

Tais cuidados se reorganizam, quando se reorganizam, à medida que os tratamentos adquirem alguma perspectiva de rotina alongada no tempo e quando a família se depara com pessoas e instituições empenhadas no atendimento escolar hospitalar ou com as chamadas classes hospitalares, cada qual buscando alternativas de escolarização em cenário de inegável dificuldade (cf. Covic e Oliveira, 2011).

Essa é uma situação cujo acúmulo de tensões fala por si. Se a depauperação de qualquer membro da família é geradora de angústias e incertezas, o diagnóstico que confirma doenças graves, como o câncer, por exemplo, em crianças e adolescentes tem efeito devastador sobre as bases emocionais de qualquer família, em qualquer configuração que essa instituição conheça nos dias que seguem.

É muito frequente no depoimento de mães e responsáveis o uso de metáforas que aludem à destruição do que estava anteriormente edificado: "[...] subitamente um terremoto" [...] "pés ficaram sem chão [...]".

Questões relacionadas à escolarização dos filhos nessas circunstâncias ganham sentido no momento em que a reorganização da vida se impõe a despeito de encargos que os tratamentos prolongados impõem a todos os envolvidos.

Adoecer gravemente não é um acontecimento circunscrito aos limites do corpo cuja vulnerabilidade à aceleração da morte se mostra inequivocamente. Especialmente quando a criança é a protagonista, nos percebemos no epicentro de um verdadeiro encontro entre "placas tectônicas", e a sensação de destruição iminente permite ao pesquisador defrontar-se com momentos nos quais nossa cultura, ou seja, nosso modo de viver, para pensar com Franz Boas (1982), expõe a circulação de representações da vida e da saúde em meio às representações da morte e seus sentidos.

Afloram também metáforas da punição, da purgação de culpas, das consequências de maus hábitos, bem como são produzidas trocas de experiência no que tange à aceitação de inevitabilidades.

Assim como explicitei anteriormente que a escola é também o que dela se espera, o adoecimento está longe de ser apenas o resultado de uma constatação clínica a respeito do estado de um corpo submetido a exame. O adoecimento grave é também uma construção social, não porque inventado, mas porque também é experimentado a reboque de subjetividades que se articulam nas trocas que o cotidiano oferece a quem passa pela experiência.

Para quem mergulhar nessa situação, cada dia significa abrir-se às narrativas que entremeiam falas "autorizadas" com manifestações as mais variadas daqueles que se sentem à vontade para falar "da experiência em si".

Como fica a vida escolar em contextos tão sombrios?

Quero chamar atenção para uma dificuldade estrutural relacionada ao direito à educação hospitalar mencionado na Resolução e nas Estratégias e Orientações da Secretaria de Educação Especial que, justamente por ser matéria jurídica consolidada, diz respeito a um direito que não se dissolve por ocasião do adoecimento ou da internação.

A forma como praticamos a educação dificulta (para não dizer impossibilita) a permanência do aluno gravemente enfermo conectado com a turma da qual foi apartado pelas exigências da situação.

Todos os trabalhos escolares são sincronicamente produzidos para conduzir o aluno à apoteose do processo que é a avaliação.

O que é central nas dinâmicas de avaliação que empreendemos é o conteúdo disciplinar retido, de modo que a "desterritorialização" do aluno gravemente enfermo o retira do fluxo de tempo que é, por sua vez, o coração das práticas escolares.

Na escola, perder o fluxo do tempo não significa apenas se distanciar da dinâmica de acumulação de conteúdos, significa também se tornar um membro não avaliável, e essa personagem não existe nessa trama.

As conexões mantidas por esforços levados a efeito nas classes hospitalares ou nas experiências várias de escolarização hospitalar não são experiências de inclusão e permanência programadas para evitar a desconexão de quem teve a integridade física seriamente debilitada.

Com muita dificuldade, as iniciativas voltadas para a escolarização hospitalar conseguem dar suporte às experiências de educação remota.

Mas os que têm essa experiência profissional sabem que na maioria dos casos os agentes da escolarização hospitalar mantêm com as escolas vínculos fugidios.

Esses vínculos são dependentes da colaboração de professores e coordenadores pedagógicos para que se estabeleça um fluxo consistente de informações. A escola é requisitada a abrir-se a um trabalho que não está previsto em sua estrutura. Por essa razão, toda iniciativa de escolarização hospitalar mais cedo ou mais tarde se depara com o imponderável campo da boa vontade, convivendo com diferentes e irregulares níveis de disponibilidade pessoal e institucional.

O andamento dos trabalhos, quando ocorre a despeito dessas dificuldades, tem um ponto de chegada que padece da mesma limitação que toca a todos os alunos de todas as escolas.

Os esforços se concentram de modo a prolongar o quanto for possível a expectativa de "manter o aluno avaliável", ou seja, são esforços que se dão no sentido de fazer com que o aluno possa, em dado momento, fazer as provas que atestem que, apesar de tudo, ele/a aprendeu o que se esperava que se aprendesse.

O direito a um currículo flexível, explicitamente mencionado nas diretrizes governamentais, é irrealizável se o projeto pedagógico da escola não dá conta de perceber a centralidade que as matérias têm no processo pedagógico.

A experiência concreta tem demonstrado que as personagens da escola não sabem o que responder quando indagadas, por exemplo, sobre como manter a criança estudando geografia ou matemática a distância das cerimônias de partilha do conhecimento que são realizadas nas salas de aula.

A dinâmica de organização do trabalho escolar está tão arraigada que muitas vezes são apresentadas sugestões voltadas para a realização do *mesmo* trabalho, porém a distância, para o que imediatamente são cobrados recursos tecnológicos para que seja possível realizar educação não presencial. Porém, no momento em que essa dinâmica é apresentada em detalhes, percebe-se que o proponente tem em mente a mesma relação entre espaço e tempo que configura a educação na forma escolar. Em outras palavras, o que se admite como objeto de flexibilização nunca é o currículo em si, mas as estratégias de contato com aquilo que é denominado de "matéria dada".

Não é possível pensar em flexibilização à medida que a partilha de conhecimento é considerada irrealizável se for praticada fora da forma.

Supor que o incremento tecnológico tem a chave para dar eficiência a todos os projetos educacionais necessários é o que mais se tem feito quando o que está em questão é garantir direitos educacionais. Seria, de fato, muito mais simples se tudo o que nos falta pudesse ser compensado com *laptops*, *tablets* e recursos audiovisuais.

A criança gravemente enferma se encontra permanentemente exposta não somente aos riscos que caracterizam patologicamente sua situação. Encontra-se também vulnerável ao apagamento de sua existência no bojo dos processos que lhe conferem uma "identidade deteriorada", para usar uma expressão cunhada por Goffman (1988).

O confinamento a que seu tratamento pode conduzir tem dimensões de aniquilação da vida social que muitas vezes se assemelham simbolicamente ao desterro, ou seja, lugar distante para onde se é enviado para expiar uma pena.

Na história da disseminação da educação na forma escolar, a despeito das realizações multiplicadoras que caracterizaram esse processo histórico, a criança doente, ou representada socialmente como debilitada, tornou-se um dos ícones mais perenes do não aluno.

Essas questões nos ajudam a compreender a construção do cotidiano de crianças e adolescentes que se encontram mergulhados em situações dentro das quais o contato com saberes escolares reitera a sensação de que tudo na existência de cada um deles foi reduzido à dimensão de terapêutica em andamento.

Nas práticas para formação de professores, discutidas na universidade, frequentemente ensinamos a alunos que já têm experiência em andamento, especialmente no âmbito da educação infantil.

Quando entra em questão o deslocamento da criança da sala de aula para ambientes hospitalares, prontamente os universitários em questão se sentem motivados a "testar" a efetividade dos aparatos conceituais com os quais têm sido preparados para refletir criticamente sobre a realidade profissional a que se dedicam.

O conceito de "instituição total" de Goffman é uma das referências que mais rapidamente reaparecem quando a experiência de transformação do aluno em paciente é evocada. Ensina Goffman (2004, p. 17-8):

> Uma disposição básica da sociedade moderna é que o indivíduo tende a dormir, brincar e trabalhar em diferentes lugares, com diferentes coparticipantes, sob diferentes autoridades e sem um plano racional geral. O aspecto central das instituições totais pode ser descrito com a ruptura das barreiras que comumente separam essas três esferas da vida. Em primeiro lugar, todos os aspectos da vida são realizados no mesmo local e sob uma única autoridade. Em segundo lugar, cada fase da atividade diária do participante é realizada na companhia imediata de um grupo relativamente grande de outras pessoas, todas elas tratadas da mesma forma e obrigadas a fazer as mesmas coisas em conjunto. Em terceiro lugar, todas as atividades diárias são rigorosamente estabelecidas em horários, pois uma atividade leva, em tempo predeterminado, à seguinte, e toda a sequência de atividades é imposta de cima, por um sistema de regras formais explícitas e um grupo de funcionários. Finalmente, as várias atividades obrigatórias são reunidas num plano racional único, supostamente planejado para atender aos objetivos da instituição. [...] Nas instituições totais, existe uma divisão básica entre um grande grupo controlado, que podemos denominar o grupo dos internados, e uma pequena equipe de supervisão.

A volta da criança internada ao convívio escolar ou o retorno intermitente às rotinas escolares, intermitência motivada pela duração do tratamento se estende para muito além dos momentos de internação, são situações que também motivam recorrer à conceituação de Goffman (2004, p. 22-3):

[...] A instituição total é um híbrido social, parcialmente comunidade residencial, parcialmente organização formal [...]. Em nossa sociedade, são as estufas para mudar pessoas; cada uma é um experimento natural sobre o que se pode fazer ao eu [...]. Por isso, se a estada do internado é muito longa, pode ocorrer, caso ele volte para o mundo exterior, o que já foi denominado "desculturamento" — isto é, "destreinamento" — que o torna temporariamente incapaz de enfrentar alguns aspectos de sua vida diária.

A situação dessas crianças provoca não somente comoção, mas também perplexidade diante dos aparatos que temos para enfrentar tais problemas.

O uso um tanto ampliado do conceito de instituição total para descrever a situação de cada uma dessas crianças muitas vezes é motivado por uma desatenção básica, que é a intenção do autor de explicitar as entranhas de manicômios, prisões e conventos em nossa sociedade, oferecendo um original trato sociológico para a "psicologia dessas instituições".

Mas sempre considero bem-vinda a retomada da referência a Goffman porque, longe de encontrar um conceito de aplicação irrestrita, capaz de elucidar a especificidade de cada aluno gravemente enfermo, a noção de instituição total é importante para dar início à percepção de que em dado processo a criança é despersonalizada para tornar-se *paciente.*

Entre outros protocolos, o que dá cientificidade ao tratamento de um paciente internado é a despersonalização de cada um para que participe da partilha de ações que são tanto mais credenciadas quanto mais focadas no conhecimento universal da doença e seu "comportamento".

Ela, a doença, é o foco. Ele, seu comportamento, é o objeto de verificação permanente dos profissionais que se tornam interlocutores da criança e da família nas instituições hospitalares.

Da evolução do quadro da doença é que se espera que o profissional da saúde trate ao abordar a situação da criança dentro do hospital.

Assim, se o conceito de instituição total, como qualquer conceito, não dá conta de todos os aspectos implicados na experiência de internação do aluno gravemente enfermo, ainda assim ele é importante na formação dos professores porque oferece parâmetros analíticos com os quais é possível perceber a essência de situações na quais a criança não tem dúvida de que sua existência foi subsumida pela enfermidade e que o cenário para o qual tem sido deslocada é um lugar que desmancha sua individualidade na produção institucional do paciente.

Essas situações demonstram o acerto contido nas advertências apresentadas por Canguilhem (2005 e 2007) que demonstram ser um reducionismo de nossa parte limitar a experiência da dor e do convívio com a dor ao fenômeno neurofisiológico.

Estão implicadas na condição de paciente as construções sociais e reelaborações cotidianas da própria condição humana, para usar expressão cara a Elias (1991).

Sontag (2007, p. 107) chamou atenção para a etimologia da palavra paciente.

Etimologicamente, paciente é o mesmo que sofredor.

O sofrimento representado na palavra paciente extrapola o convívio com a dor e a dor em si para tornar-se também um pavor.

Trata-se do pavor de que antes da morte o sofrimento cause a degradação.

Por isso, o adoecimento grave se faz acompanhar do desespero familiar que expressa a angústia daqueles que julgam saber algo que a criança não poderia saber de antemão em hipótese alguma, que é não somente a morte como ponto final da experiência que está em curso, como também os riscos de degradação física e emocional que podem anteceder a situação última.

De certa forma, a circulação de representações sobre o morrer e o degradar-se favorece a sedimentação de opiniões favoráveis ao "emudecimento" do paciente.

Em outras palavras, trata-se da certeza escorada na gramática médica de que não há argumento a ser colhido junto a quem está em tratamento. Foco na doença, para o bem do doente, é o que se consolida como verdade necessária, a ponto de *naturalizar--se* o entendimento de que não fosse assim sequer teríamos outra forma disponível de encarar a questão.

A comoção dos alunos e pesquisadores em formação diante do tema favorece a reiteração de algumas questões:

— Como abordar quem está morrendo?

Trata-se de uma questão considerada por muitos como previsível e até necessária, mas que demonstra quão recorrentemente despojamos de humanidade aqueles que abordamos em nosso trabalho.

Tento demonstrar que a situação precisa ser pensada levando em consideração outras perspectivas, e inicio essa reflexão devolvendo outra pergunta:

— Quem não está morrendo?

Faz muita diferença interagir com crianças ou adolescentes gravemente enfermos tendo por premissa o reconhecimento da vida pulsando em cada um deles.

As interações educacionais ocorrem justamente nos momentos em que as pessoas estão cuidando de prosseguir a despeito da debilidade exacerbada do corpo.

Essa questão reitera o padrão que viceja na educação escolar, ou seja, reitera a impressão de que a ausência do corpo saudável significa, imediatamente, a interrupção das intenções educacionais.

É como se perguntássemos sobre o que da vida pode interessar a alguém que enfrenta tão avassaladora experiência. Outro padrão excludente se repete.

Os alunos que se tornaram personagens da inclusão, que chegam à escola com seus "corpos diferentes", são considerados muitas vezes pessoas que não têm nada a expressar.

O aluno apartado do cotidiano escolar porque adoeceu gravemente padece muitas vezes de desconsideração semelhante.

Em ambas as situações, a atenção ao corpo inviabiliza a atenção à pessoa.

Considerações finais

Nas considerações finais deste volume da Coleção Educação & Saúde dedicado ao tema do aluno que foi e é objeto das políticas de inclusão, quero reforçar o que expus logo ao início, na introdução do livro.

Vivemos um momento em que a avaliação tornou-se palavra da hora. Com presença quase diária nas várias mídias, a avaliação tornou-se ponto de partida de quase todas as manifestações que se apresentam para "comprovar" os déficits de qualidade das escolas que temos, especialmente as escolas públicas.

A divulgação em grande escala dos resultados das avaliações governamentais estabelece prontamente um *ranking* das melhores e piores instituições, ao mesmo tempo que possibilita "medir" avanços e retrocessos em relação à edição anterior da avaliação.

Lamentavelmente, os exemplos de sucesso não têm incluído a inclusão.

A avaliação em larga escala tem servido também para questionar a confiabilidade dos processos de aferição da aprendizagem levados a efeito no âmbito de cada escola.

Parte da sociedade indaga com perplexidade como a escola pública não percebe e, em percebendo, como não corrige déficits de conteúdo que têm colaborado para que o desempenho nos processos de avaliação deixe (tanto) a desejar.

Aos alarmados indagadores externos convém lembrar que a avaliação está no coração das atividades cotidianas da escola e, de certo modo, o sentido da escolarização que temos é direcionado aos momentos de demonstração do quanto do conteúdo permanece retido em cada aluno avaliado.

Essa situação colabora para que a avaliação seja concebida e realizada a distância do ato pedagógico, para usar mais uma vez a feliz expressão de Luckesi (2011), e não como parte fundamental dele.

Como afirmei ao início, não tenho a intenção aqui de polemizar com as dinâmicas de avaliação em larga escala. Porém, este livro foi escrito para chamar nossa atenção para um aspecto fundamental a todos os que defendem o direito universal à educação escolar e que também dedicam seus esforços para a defesa dos direitos humanos.

Quero salientar que nossa concepção de avaliação faz parte de uma forma de educar que praticamente inviabiliza a consolidação de escolas inclusivas.

Avaliação e permanência são palavras-chave para acolher de fato aqueles cujas particularidades do corpo e do intelecto têm sido usadas historicamente para excluir da escola.

Por isso, fiz questão de lembrar nos pressupostos de análise o tema da vulnerabilidade.

Palavra de uso amplíssimo, por vulnerabilidade se entende quase toda a situação de risco e, por isso mesmo, trata-se de um recurso analítico mais próximo da imprecisão do que da precisão.

Todavia, quis lembrar que a criança e o adolescente que são objeto de ações inclusivas são atores que mais significativamente dão conteúdo e significação à palavra vulnerabilidade.

Estou me referindo a sujeitos que experimentam a inclusão no bojo de uma dinâmica institucional que expõe ininterruptamente tudo o que cada um tem de mais frágil, tudo o que os conduz permanentemente à beira do insucesso.

Essa é, para usarmos outra metáfora, a história de muitos peixes que vivem fora d'água.

Por isso, é de vital importância que os protagonistas do trabalho escolar exponham a percepção que têm dos alunos aos quais muitos (muitos mesmo) se referem simplesmente como "o pessoal da inclusão".

Como sociedade, temos que parar para conversar a respeito. O ponto de vista de quem é incluído é tomado por inexistente, insuficiente, inexprimível ou, pior, como irrelevante.

A permanência é o dado revelador da dialética contida nos processos de inclusão. Ou seja, o trabalho escolar precisa estar atento para o fato de que a forma de incluir pode ser, dialeticamente, a essência do excluir. Mais uma vez nos deparamos com termos contrários que se complementam na síntese.

É interessante lembrar que a Secretaria de Educação Especial do Ministério da Educação chamou atenção para a importância da avaliação visando à permanência das crianças consideradas, nos termos do texto, como de necessidades especiais, quando publicou o documento denominado *Saberes e práticas da inclusão: avaliação para a identificação das necessidades educacionais especiais* (2006).

A palavra avaliação nesse documento tem um sentido diferente em relação ao que está em discussão neste livro, uma vez que aqui abordo a avaliação dos saberes escolares e não a avaliação das condições pessoais de cada aluno.

Mas, mesmo com objetivos distintos, encontro no documento em questão advertências muito relevantes sobre aspectos que devem ser levados em consideração para que a inclusão escolar tenha consistência.

O mais importante a destacar é a percepção de que temos duas plataformas de avaliação que são complementares, mas que não se confundem. Numa delas a escola precisa considerar como fazer da avaliação uma parte do processo pedagógico como um todo, não somente um dispositivo que ao ser disparado informa os números dos déficits e disparidades presentes. Noutra, a escola precisa de preparo para avaliar o que é *necessário mudar* para, de fato, escolarizar a todos.

Chamei atenção para o problema da banalização do uso da palavra comunidade e o fiz com intenção de demonstrar a importância de se pensar na escola como comunidade inclusiva, sem incorrer na apropriação evasiva do termo que projeta representações do entorno que, no fundo, não dizem respeito a ninguém.

A escola como comunidade inclusiva deve ser um espaço institucional que se vê aperfeiçoado com os processos de inclusão e não um território que se revela invadido e inviabilizado pela presença de corpos e mentes fora do padrão.

Por isso, a inclusão diz respeito também ao aluno que não pode ficar na escola.

A escola é desafiada a repensar a inclusão levando em conta os direitos daqueles que não estão, que foram deslocados, que se encontram desconectados em decorrência do adoecimento grave, da internação compulsória, da apartação que se revelou inevitável.

Não se trata de uma tarefa irrealizável.

Trata-se sim de reconhecer que a escola, como construção histórica, não existe desde todo o sempre e, portanto, não está pronta para todo o sempre.

Como expressão mais complexa daquilo que os homens constroem quando tecem a sociedade que também os configura como homens, a inclusão na escola e o cuidado para com o aluno gravemente enfermo podem fazer com que novas possibilidades de permanência iniciem uma reconfiguração da instituição que, sem dúvida, precisa mudar estruturalmente para que possa, de fato, incluir.

Indicações de leitura/ Referências bibliográficas

Apresento aqui as referências documentais e bibliográficas que foram usadas na produção dos capítulos deste livro. Ambas estão distribuídas nas seções temáticas que remetem o leitor às sugestões de aprofundamento.

O tema em textos de origem governamental

BRASIL. Conselho Nacional de Defesa dos Direitos da Criança e do Adolescente. Resolução n. 41, de outubro de 1995. *Diário Oficial da União*, Brasília, 17 out. 1995.

_____. Ministério da Educação e Cultura. Secretaria de Educação Especial (Seesp). *Programa de capacitação de recursos humanos do ensino fundamental*: deficiência mental. Brasília: Seesp, 1997a.

_____. Ministério da Educação e Cultura. Secretaria de Educação Especial (Seesp). *Programa de capacitação de recursos humanos do ensino fundamental*: deficiência auditiva. Brasília: Seesp, 1997b.

_____. Ministério da Educação e Cultura. Secretaria de Educação Especial (Seesp). *Programa de capacitação de recursos humanos do ensino fundamental*: educação de surdos. Brasília: Seesp, 1997c.

BRASIL. Ministério da Educação e Cultura. Secretaria de Educação Especial (Seesp). *Programa de capacitação de recursos humanos do ensino fundamental*: língua brasileira de sinais. Brasília: Seesp, 1997d.

_____. Ministério da Educação e Cultura. Secretaria de Educação Especial (Seesp). *Programa de capacitação de recursos humanos do ensino fundamental*: deficiência visual. Brasília: Seesp, 2001.

_____. Ministério da Educação. Secretaria de Educação Especial (Seesp). *Classe hospitalar e atendimento pedagógico domiciliar*: estratégias e orientações. Brasília: MEC/Seesp, 2002.

_____. Ministério da Educação. Secretaria de Educação Especial (Seesp). *Documento subsidiário à política de inclusão*. Brasília: Seesp, 2005.

_____. Ministério da Educação. Secretaria de Educação Especial (Seesp). *Saberes e práticas da inclusão*: avaliação para a identificação das necessidades educacionais especiais. Coordenação Geral da Seesp/MEC. Brasília: MEC, 2006.

_____. Ministério da Educação. Secretaria de Educação Especial (Seesp). *Política nacional de educação especial na perspectiva da educação inclusiva*. Documento subsidiário. Brasília: MEC/Seed/Seesp, 2007.

_____. Ministério da Educação. Secretaria de Educação Especial (Seesp). *Política nacional de educação especial na perspectiva da educação inclusiva*. Documento subsidiário. Brasília: MEC/Seesp, 2008.

_____. Ministério da Educação. Secretaria de Educação Especial (Seesp). *Programa de implantação de salas de recursos multifuncionais*. Brasília, 2008.

_____. Conselho Nacional de Educação (CNE). Resolução CNE/CBE n. 2, de 2 de setembro de 2001. Institui as Diretrizes Educacionais da Educação Especial para a Educação Básica.

_____. Conselho Nacional de Educação (CNE). Resolução CNE/CP n. 1, de 18 de fevereiro de 2002. Diretrizes Curriculares Nacionais para a formação de professores da educação básica em nível superior, curso de licenciatura de graduação plena. *Diário Oficial da União*, Poder Executivo, Brasília, 4 mar. 2002. Seção 1, p. 8.

BRASIL. Decreto n. 6.094, de 24 de abril de 2007. Dispõe sobre a implementação do Plano de Metas Compromisso Todos pela Educação, pela União Federal, em regime de colaboração com Municípios, o Distrito Federal e os Estados. *Diário Oficial da União*, 25 abr. 2007.

_____. Conselho Nacional de Educação (CNE). Resolução CNE/CBE n. 4, de 2 de outubro de 2009. Institui as Diretrizes Operacionais para o Atendimento Educacional Especializado, modalidade educação especial.

O tema em análises sobre a deficiência

ARANTES, A. V. (Org.). *Inclusão escolar*. São Paulo: Summus, 2006.

BUENO, J. G. S. *Educação especial brasileira*: integração/segregação do aluno diferente. São Paulo: Educ, 2004.

_____. A produção social da identidade do anormal. In: FREITAS, M. C. (Org.). *História social da infância no Brasil*. São Paulo: Cortez, 2010.

CARVALHO, M. F. *Conhecimento e vida na escola*: convivendo com as diferenças. Campinas: Autores Associados, 2006.

_____; SOARES, M. A. L. *O professor e o aluno com deficiência*. São Paulo: Cortez, 2012.

D'ANTINO, M. E. F. *A máscara e o rosto da instituição especializada*: marcas que o passado abriga e o presente esconde. São Paulo: Memnon, 1988.

FERREIRA, J. R. *A exclusão da diferença*. Piracicaba: Editora Unimep, 1994.

GÓES, M. C. R.; LAPLANE, A. L. F. (Org.). *Políticas e práticas de educação inclusiva*. Campinas: Autores Associados, 2004.

JANNUZZI, G. M. *A educação do deficiente no Brasil*: dos primórdios ao início do século XXI. Campinas: Autores Associados, 2006.

MAZZOTTA, M. J. S. *Educação especial no Brasil*: história e políticas públicas. São Paulo: Cortez, 2006.

McDERMOTT, R. P.; VARENNE, H. Culture, development, disability. In: JESSOR, R. et al. (Eds.). *Ethnograpy and human development*: context and meaning in social inquiry. Chicago: University of Chicago Press, 1996. p. 101-26.

MICHELS, M. H. Paradoxos na formação de professores para a educação especial: currículo como expressão do modelo médico-psicológico. *Revista Brasileira de Educação Especial*, Marília, v. 11, n. 2, p. 255-72, 2005.

SMOLKA, A. L. B. *A relação do sujeito com o conhecimento*: condições de possibilidades no enfrentamento da deficiência mental. 2004. 196 p. Tese (Doutorado em Educação) — Faculdade de Educação, Unicamp, Campinas.

SOARES, M. A. L. *A educação do surdo no Brasil*. Campinas: Autores Associados, 2006.

VIAL, M. Enfants handicapés. In: BECCHI, E.; JULIA, D. (Eds.). *Histoire de l'enfance en occident du XVIIIº à nous jours*. Paris: Éditions du Seuil, 1998. p. 331-57.

O tema nas análises sobre vulnerabilidades de crianças e adolescentes

BARNETT, J.; MATTHEW, R. A.; O'BRIEN, K. L. Global environmental change and human security: an introduction. In: MATTHEW, R. A. et al. (Eds.). *Global environmental change and human security*. Cambridge: MIT, 2010, p. 3-31.

BARTLETT, S. et al. *Cities for children*: children's rights, poverty and urban management. London: Earthscan Publications & Unicef, 1999.

BRKLACICH, M.; CHAZAN, M.; BOHLE, H. G. Human security, vulnerability and global environmental change. In: MATTHEW, R. A.

et al. (Eds.). *Global environmental change and human security.* Cambridge: MIT, 2010, p. 35-51.

CASTAÑEDA, T.; ALDAZ-CARROL, E. The intergenerational transmission of poverty: some causes and policy implications. *Paper.* Washington, DC: Inter-American Development Bank, 1999.

CHRISTIAENSEN, L. J.; SUBBARO, K. Toward an understanding of household vulnerability in rural Kenya. *World bank policy research working paper* 3.326, Washington, DC: World Bank, 2004.

ESCOBAR. A. *Encoutering development*: the making and unmaking of the third world. New Jersey: Princeton University Press, 1995.

EVANS, A. *Globalization and scarcity*: multilateralism for a world with limits. New York: Center on International Cooperation, 2010.

FABIAN, J. *Time and the other*: how anthropology makes its object. New York: Columbia University Press, 1983.

FERGUSON, J. *The anti-politics machine.* Minneapolis: University of Minnesota Press, 2003.

GUALTIERI, R. C. E.; LUGLI, R. S. G. *A escola e o fracasso escolar.* São Paulo: Cortez, 2012. (Coleção Educação & Saúde.)

HILHORST, D.; BANKOFF, G. Introduction: mapping vulnerability. In: BANKOFF, G.; FRERKS, G.; HILHORST, D. (Ed.). *Mapping vulnerability*: disasters, development and people. London: Earthscan, 2004. p. 1-9.

KAZTMAN, R.; FILGUEIRA, C. *Marco conceptual sobre activos, vulnerabilidad y estrutura de oportunidades.* Montevidéu: Cepal, 2009. 348 p.

LAHIRE, B. *Sucesso escolar nos meios populares*: razões do improvável. São Paulo: Ática, 1997.

MARQUES, E. *Redes sociais, segregação e pobreza.* São Paulo: Editora Unesp, 2010.

MECENA, E. H. *O desempenho escolar de crianças da periferia*: elementos para uma etnografia da percepção local de fracasso escolar. 2011. 370 p.

Dissertação (Mestrado) — Programa de Pós-graduação Educação e Saúde na Infância e na Adolescência, Universidade Federal de São Paulo, Guarulhos.

MOSER, C. O. N. The asset vulnerability framework: reassessing urban poverty reduction strategies. *World development.* New York: Report, v. 26, n. 1, p. 1-19, 1998.

O'BRIEN, K.; LEICHENKO, R. Human security, vulnerability and sustainable adaptation. *Human development report 2007/2008.* Fighting climate change: human solidarity in a divided world. UNDP, 2007.

RIZZINI, I. (Ed.). *Acolhendo crianças e adolescentes.* São Paulo: Unicef/ Cortez, 2007.

SEN, A. *Poverty and famines.* Oxford: Clarendon, 1981.

_____. *Development as freedom.* New York: Anchor, 1990.

SUMNER, A. Child poverty, well-being and agency: what does a 3-D well-being approach contribute? *Journal of International Development,* v. 22, n. 8, p. 1064-75, 2010.

_____; CURRY, A.; BALLANTYNE, J. What are the implications of the global crisis and its aftermath for poverty reduction, 2010-2020? *Working paper.* Brasília: International Policy Centre for Inclusive Growth, 2010.

_____; HADDAD, L.; CLIMENT, L. G. Rethinking intergenerational transmissions: does a wellbeing lens help? The case of nutrition. *IDS Bulletin,* v. 40, n. 1, p. 22-30, 2009.

SUMNER, A.; MALLET, R. *Snakes and ladders, buffers and passports*: rethinking poverty, vulnerability and wellbeing. Sussex: Institute of Development Studies, Working Paper, n. 83. International Policy Centre for Inclusive Growth, 2011.

WEBB, P.; HARINARAYAN, A. A measure of uncertainty: the nature of vulnerability and its relationship to malnutrition. *Disasters,* 23(4), p. 292-305, 1999.

O tema nas análises sobre antropologia, diversidade e inclusão

ASSIS SILVA, C. A. *Cultura surda*. São Paulo: Terceiro Nome, 2012.

BOAS, F. *Race, language and culture*. Chicago: University of Chicago Press, 1982.

CANCLINI, N. G. *Diferentes, desiguais e desconectados*. Rio de Janeiro: Editora UFRJ, 2009.

ELIAS, N. *Os estabelecidos e os outsiders*. Rio de Janeiro: Zahar, 2003.

FERREIRA-BRITO, L. *Integração social e surdez*. Rio de Janeiro: Babel, 1993.

FREITAS, M. C. *Alunos rústicos, arcaicos e primitivos*: o pensamento social no campo da educação. São Paulo: Cortez, 2005.

_____. *Alunos rústicos, arcaicos e primitivos*: o pensamento social no campo da educação. Sao Paulo: Cortez, 2006.

LOPES, M. C. Relações de poderes no espaço multicultural da escola para surdos. In: SKLIAR, C. (Org.). *A surdez*: um olhar sobre a diferença. Porto Alegre: Mediação, 2012. p. 103-20.

_____. *Surdez & educação*. Belo Horizonte: Autêntica, 2011.

LULKIN, S. A. O discurso moderno na educação dos surdos: práticas de controle do corpo e a expressão cultural amordaçada. In: SKLIAR, C. (Org.). *A surdez*: um olhar sobre a diferença. Porto Alegre: Mediação, 2012. p. 33-50.

MAGNANI, J. G. C. No mundo dos surdos. In: MAGNANI, J. G. C. *Da periferia ao centro*. São Paulo: Terceiro Nome, 2012. p. 205-48.

MELLO, A. G. O modelo social da surdez: um caminho para a surdolândia? *Mosaico Social*, Florianópolis: Fundação Boiteux, UFSC, n. 3, p. 55-75, dez. 2006.

MOURA, M. C. *O surdo*: caminhos para uma nova identidade. Rio de Janeiro: Revinter, 2000.

PERLIN, G. T. T. Identidades surdas. In: SKLIAR, C. (Org.). *A surdez*: um olhar sobre a diferença. Porto Alegre: Mediação, 2012. p. 51-74.

SKLIAR, C. (Org.). *A surdez*: um olhar sobre a diferença. Porto Alegre: Mediação, 2012.

WALKERDINE, V. O raciocínio em tempos pós-modernos. *Educação e realidade*, Porto Alegre, v. 20, n. 2, jul./dez. 1995.

XIBERRAS, M. *As teorias da exclusão*: para uma construção do imaginário do desvio. Lisboa: Instituto Piaget, 1993.

O tema nas análises sobre educação em hospitais

CAMACHO, M. R. *Memórias de um tempo junto à criança com câncer*: reflexões sobre o processo de aprendizagem e enfrentamento da doença. 2003. 220 p. Dissertação (Mestrado) — Faculdade de Educação, Universidade Federal do Espírito Santo, Vitória.

CLARK, O. *O século da creança*. Rio de Janeiro: Canton & Reile, 1940.

COVIC, A. N.; OLIVEIRA, F. A. M. *O aluno gravemente enfermo*. São Paulo: Cortez, 2011. (Coleção Educação & Saúde.)

FONSECA, E. S. *Atendimento escolar no ambiente hospitalar*. São Paulo: Memnon, 2003.

FONTES, R. S. A escuta pedagógica à criança hospitalizada: discutindo o papel da educação no hospital. *Revista Brasileira de Educação*, Rio de Janeiro: Anped, n. 29, p. 119-38, 2005.

MATOS, E. L. M.; MUGIATTI, M. M. *Pedagogia hospitalar*: a humanização integrando educação e saúde. Petrópolis: Vozes, 2006.

SIGNÉ, L. R. *Bulletin de la societé libre pour l'étude psychologique de l'enfant*. Paris: Troisième de Couverture, 1906.

TAAM, R. *Assistência pedagógica à criança hospitalizada*. 2000. 216 p. Tese (Doutorado). Faculdade de Educação, Universidade Federal Fluminense.

TEIXEIRA DE PAULA, E. M. A.; MATOS, E. L. M. (Orgs.). Educação da criança hospitalizada: as várias faces da pedagogia no contexto hospitalar. In: *Cadernos Cedes*, Campinas: Cedes, v. 27, n. 73, p. 249-368, set./ dez. 2007.

O tema em análises sobre saberes escolares, repetência e não permanência

ABRAMOWICZ, A.; MOLL, J. *Para além do fracasso escolar*. São Paulo: Papirus, 1997.

BOURDIEU, P. *A miséria do mundo*. Petrópolis: Vozes, 2003.

CHARLOT, B. *Da relação com o saber*: elementos para uma teoria. Porto Alegre: Artes Médicas, 2000.

_____. *Os jovens e o saber*. Porto Alegre: Artmed, 2001.

COHEN, R. H. P. *A lógica do fracasso escolar*. Rio de Janeiro: Contra Capa, 2006.

FREITAS, M. C. A criança-problema: formas de coesão contra o pobre e formas partilhadas de preterição social. In: MOTA, A.; SCHARAIBER, L. B. (Orgs.). *Infância & saúde*: perspectivas históricas. São Paulo: Hucitec, 2010. p. 60-88.

_____; BICCAS, M. S. *História social da educação no Brasil (1926-1996)*. São Paulo: Cortez, 2009.

JACOMINI, M. A. *Educar sem reprovar*. São Paulo: Cortez, 2011.

MARCHESI, A. et al. *Fracasso escolar*: uma perspectiva multicultural. Porto Alegre: Artmed, 2004.

MOYSÉS, M. A. A. A transformação do espaço pedagógico em espaço clínico (a patologização da educação). *Ideias*, São Paulo: FDE, n. 23, p. 25-31, 1994.

MOYSÉS, M. A. A. *A institucionalização invisível*: crianças que não aprendem na escola. São Paulo: Mercado de Letras, 2008.

PATTO, M. H. S. *A produção do fracasso escolar*: histórias de submissão e rebeldia. São Paulo: Casa do Psicólogo, 1999.

PERRENOUD, P. *Avaliação*: da excelência à regulação da aprendizagem. Porto Alegre: Artmed, 1999.

PINTO, A. V. *Consciência e realidade nacional*. Rio de Janeiro: Instituto Superior de Estudos Brasileiros, 1960.

SAMPAIO, M. M. *Um gosto amargo de escola*. São Paulo: Iglu, 2003.

THIN, D. Para uma análise das relações entre famílias populares e escola: confrontação entre lógicas socializadoras. *Revista Brasileira de Educação*, Rio de Janeiro, v. 11, n. 32, p. 227-42, mai./ago. 2006.

VINCENT, G.; LAHIRE, B.; THIN, D. Sur l'histoire et la theorie de la forme scolaire. In: VINCENT, G. (Dir.). *L'éducation prisonnière de la forme scolaire. Scolarization et socialization dans les societies industrielles*. Lyon: Press Universitáries de Lyon, 1994.

O tema em análises sobre avaliação

AFONSO, A. A. *Avaliação educacional*: regulação e emancipação. São Paulo: Cortez, 2005.

AQUINO, J. G. (Org.). *Erro e fracasso na escola*: alternativas teóricas e práticas. São Paulo: Summus, 1997.

BLIN, J. F.; DEULOFEU, C. G. *Classes difíceis*. Porto Alegre: Artmed, 2005.

BOIMARE, S. *A criança e o medo de aprender*. São Paulo: Paulinas, 2007.

ESTEBAN, M. T. *O que sabe quem erra? Reflexões sobre avaliação e fracasso escolar*. Rio de Janeiro: DP&A, 2003.

FREITAS, L. C. *Ciclos, seriação e avaliação*: confronto de lógicas. São Paulo: Moderna, 2003.

FREITAS, L. C. Qualidade negociada: avaliação e contra-regulação na escola pública. *Educação & Sociedade*, Campinas, v. 26, n. 92, p. 911-33, 2005.

GREGÓIRE, J. et al. *Avaliando as aprendizagens*: os aportes da psicologia cognitiva. Porto Alegre: Artmed, 2009.

HADJI, C. *Avaliação desmistificada*. Porto Alegre: Artmed, 2001.

LUCKESI, C. C. *Avaliação da aprendizagem escolar*. São Paulo: Cortez, 2006.

_____. *Avaliação da aprendizagem*: componente do ato pedagógico. São Paulo: Cortez, 2011.

O tema em análises sobre o corpo e o intelecto da criança e do adolescente

ARIÈS, P. *História social da infância e da família*. Rio de Janeiro: LTC, 2010.

ARROYO, M. G.; SILVA, M. R. (Orgs.). *Corpo infância*. Petrópolis: Vozes, 2012.

CANGUILHEM, G. *Escritos sobre a medicina*. Rio de Janeiro: Forense Universitária, 2005.

_____. *O normal e o patológico*. Rio de Janeiro: Forense Universitária, 2007.

COHN, C. *Antropologia da criança*. Rio de Janeiro: Zahar, 2005.

DAMÁSIO, A. R. *E o cérebro criou o homem*. São Paulo: Companhia das Letras, 2011.

DEL PRIORE, M.; AMANTINO, M. (Orgs.). *História do corpo no Brasil*. São Paulo: Editora da Unesp, 2011.

FOUCAULT, M. *O nascimento da clínica*. Rio de Janeiro: Forense Universitária, 2001.

FOUCAULT, M. *O poder psiquiátrico*. São Paulo: Martins Fontes, 2006.

_____. *Os anormais*. São Paulo: Martins Fontes, 2010.

LAPLANTINE, F. *Antropologia da doença*. São Paulo: Martins Fontes, 2010.

LE BRETON, D. *Antropologia do corpo e modernidade*. Petrópolis: Vozes, 2011.

MAUSS, M. As técnicas do corpo. In: MAUSS, M. *Sociologia e antropologia*. São Paulo: Cosac & Naify, 2003. p. 401-24.

MERLEAU-PONTY, M. *Fenomenologia da percepção*. São Paulo: Martins Fontes, 2006.

_____. *Psicologia e pedagogia da criança*. São Paulo: Martins Fontes, 2006.

MUKHERJEE, S. *O imperador de todos os males* — uma biografia do câncer. São Paulo: Companhia das Letras, 2012.

PINKER, S. *Tábula rasa*: a negação contemporânea da natureza humana. São Paulo: Companhia das Letras, 2010.

RAMOS, A. *A criança-problema*. Rio de Janeiro: Casa do Estudante, 1947.

QUEIROZ, L. *Corpo, mente, percepção*: movimento em BMC e dança. São Paulo: Annablume, 2009.

SACKS, O. *O olhar da mente*. São Paulo: Companhia das Letras, 2010.

SOARES, C. L. (Org.). *Pesquisas sobre o corpo*: ciências humanas e educação. Campinas: Autores Associados, 2007.

SONTAG, S. *Doença como metáfora/Aids e suas metáforas*. São Paulo: Companhia das Letras, 2007.

VIGARELLO, G. et al. (Orgs.). *História do corpo*. Petrópolis: Vozes, 2011. 3 v.

O tema nas análises sobre instituições, sociabilidades e representações

BERGER, P.; LUCKMANN, T. *A construção social da realidade*. Petrópolis: Vozes, 2010.

CARVALHO, M. M. C. *A escola, a república e outros ensaios*. Bragança Paulista: Edusf, 2003.

_____ et al. (Org.). *Biblioteca e formação docente*. Belo Horizonte: Autêntica, 2000.

COLLINS, R. *Quatro tradições sociológicas*. Petrópolis: Vozes, 2012.

ELIAS, N. *A condição humana*. Lisboa: Difel, 1991.

FARIA FILHO, L. M. (Org.). *A infância e sua educação*: materiais, práticas e representações. Belo Horizonte: Autêntica, 2004.

_____ (Org.). *Modos de ler, formas de escrever*. Belo Horizonte: Autêntica, 1998.

GIDDENS, A. *A constituição da sociedade*. São Paulo: Martins Fontes, 2009.

GOFFMAN, E. *A representação do eu na vida cotidiana*. Petrópolis: Vozes, 2004.

_____. *Comportamento em lugares públicos*. Petrópolis: Vozes, 2010.

_____. *Estigma. Notas sobre manipulação da identidade deteriorada*. São Paulo: LTC, 1988.

_____. *Manicômios, prisões e conventos*. São Paulo: Perspectiva, 2008.

_____. *Ritual de interação*: ensaios sobre o comportamento face a face. Petrópolis: Vozes, 2011.

HALL, S. *Da diáspora*. Belo Horizonte: Editora UFMG, 2000.

HILSDORF, M. L. S. *O aparecimento da escola moderna*. Belo Horizonte: Autêntica, 2006.

PASSETTI, E.; OLIVEIRA, S. (Orgs.). *A tolerância e o intempestivo*. São Paulo: Ateliê Editorial, 2005.

SILVA, A. P. F. *A construção ideológica da escola como antídoto ao estigma situação de risco atribuído a crianças e jovens*: elementos para uma crítica. 2005. 177 p. Dissertação (Mestrado) — PPG Educação, História, Política, Sociedade, Pontifícia Universidade Católica, São Paulo.

TEIXEIRA, B. B. Por uma escola democrática: colegiado, currículo e comunidade. In: GUSMÃO, N. M. M. (Org.). *Diversidade, cultura e educação*. São Paulo: Biruta, 2003.

THOMPSON, J. *Ideologia e cultura moderna*. Petrópolis: Vozes, 2002.

VIDAL, D. G. *Culturas escolares*: estudo sobre as práticas da leitura e escrita na escola pública primária. Belo Horizonte: Autêntica, 2005.

_____. et al. (Org.). *História das culturas escolares no Brasil*. Vitória: Edufes, 2010.

WILLIAMS, R. *Palavras-chave*. São Paulo: Boitempo, 2000.

O tema na bibliografia internacional relacionada

BECCHI, E.; JULIA, D. *Histoire de l'enfance en occident*. Paris: Seuil, 1998. T. 1 e 2.

CHRISTENSEN, P.; JAMES, A. (Eds.). *Research with children*: perspectives and practices. New York: Taylor & Francis Group, 2000.

JAMES, A.; PROUT, A. (Eds.). *Constructing and reconstructing childhood*. New York: Taylor & Francis Group, 2004.

MEAD, G. H. *Mind, self and society from the standpoint of a social behaviorist*. Chicago: Chicago University Press, 1992.

MOURITSEN, F.; QVORTRUP, J. (Eds.). *Childhood and children's culture*. Copenhagen: University Press of Southern Denmark, 2002.

PANTER-BRICK, C. (Ed.). *Biosocial perspectives on children*. Cambridge: Cambridge University Press, 1998.

PROUT, A. *The body, childhood and society*. London: MacMillan, 2000.

_____ et al. *Theorizing childhood*. Cambridge: Polity Press, 2006.

QVORTRUP, J.; CORSARO, W.; HONIG, M. S. *The palgrave handbook of childhood studies*. London: Palgrave MacMillan, 2009.

SUMNER, A. Child poverty, well-being and agency: what does a 3-D well-being approach contribute? *Journal of International Development*, New York, n. 22(8), p. 1064-75, 2010.

O tema nos estudos sobre violência e desvio

VELHO, G. *A utopia urbana*. Rio de Janeiro: Jorge Zahar, 1989.

_____. *Individualismo e cultura*. Rio de Janeiro: Jorge Zahar, 2002.

_____. *Desvio e divergência*. Rio de Janeiro: Jorge Zahar, 2003.

_____; ALVITO, M. (Orgs.). *Cidadania e violência*. Rio de Janeiro: Editoras UFRJ e FGV, 2000.

_____; KUSCHNIR, K. (Orgs.). *Pesquisas urbanas*. Rio de Janeiro: Jorge Zahar, 2003.

O tema em outras publicações do autor

FREITAS, M. C. *Álvaro Vieira Pinto*: a personagem histórica e sua trama. São Paulo: Cortez, 1998.

_____ (Org.). *História social da infância no Brasil*. São Paulo: Cortez, 2000.

FREITAS, M. C. O quarto quadrante do círculo de Álvaro Vieira Pinto. In: PINTO, A. V. *O conceito de tecnologia*. Rio de Janeiro: Contraponto, 2005. 2 v.

_____. *Alunos rústicos, arcaicos e primitivos*: o pensamento social no campo da educação. São Paulo: Cortez, 2006.

_____. A criança pobre e suas desvantagens: o pensamento social no mundo dos apetrechos. In: SOUZA, G. (Org.). *A criança em perspectiva*: olhares do mundo sobre o tempo infância. São Paulo: Cortez, 2007. p. 85-113.

_____. *O aluno-problema*: forma social, ética e inclusão. São Paulo: Cortez, 2011.

_____. *História, antropologia e a pesquisa educacional*: itinerários intelectuais. São Paulo: Cortez, 2001.

LEIA TAMBÉM

coleção
EDUCAÇÃO&SAÚDE

vol. 1 **O ALUNO-PROBLEMA**:
forma social, ética e inclusão
Marcos Cezar de Freitas
128 págs. 1ª edição (2011)
ISBN 978-85-249-1750-9

vol. 2 **O ALUNO GRAVEMENTE ENFERMO**
Amália Neide Covic e
Fabiana Aparecida de Melo Oliveira
128 págs. 1ª edição (2011)
ISBN 978-85-249-1774-5

vol. 3 **TRANSTORNO DO DÉFICIT DE ATENÇÃO E HIPERATIVIDADE**
Mauro Muszkat, Monica Carolina Miranda e
Sueli Rizzutti
144 págs. 1ª edição (2011)
ISBN 978-85-249-1757-8

vol. 4 **O PROFESSOR DIANTE DA VIOLÊNCIA SEXUAL**
Tatiana Savoia Landini
112 págs. 1ª edição (2011)
ISBN 978-85-249-1775-2

LEIA TAMBÉM

coleção
EDUCAÇÃO&SAÚDE

vol. 5 **O PROFESSOR E O ALUNO COM DEFICIÊNCIA**
Maria Aparecida Leite Soares e
Maria de Fátima Carvalho
144 págs. 1ª edição (2012)
ISBN 978-85-249-1913-8

vol. 6 **A ESCOLA E O FRACASSO ESCOLAR**
Regina C. Ellero Gualtieri e *Rosário Genta Lugli*
128 págs. 1ª edição (2012)
ISBN 978-85-249-1914-5

vol. 7 **O PROFESSOR DIANTE DAS RELAÇÕES DE GÊNERO NA EDUCAÇÃO FÍSICA ESCOLAR**
Luciano Nascimento Corsino e *Daniela Auad*
112 págs. 1ª edição (2012)
ISBN 978-85-249-1915-2

vol. 8 **O PROFESSOR E A DISLEXIA**
Mauro Muszkat e *Sueli Rizzutti*
112 págs. 1ª edição (2012)
ISBN 978-85-249-1916-9